Sabrina Gundert

Schwellenzeiten – Wandelzeiten

Die Übungen und Informationen in diesem Buch wurden mit größter Sorgfalt erarbeitet. Alle Leserinnen und Leser sind jedoch aufgefordert, selbst zu entscheiden, ob und inwieweit sie die Anregungen in diesem Buch umsetzen wollen. Die Nutzung des Buches erfolgt auf eigene Verantwortung. Eine Haftung der Autorin und des Verlags für Personen-, Sach- und Vermögensschäden ist ausgeschlossen. Die Namen aller beschriebenen Personen sowie deren Lebensumstände wurden geändert.

Bücher haben feste Preise.
1. Auflage 2024

Sabrina Gundert: *Schwellenzeiten – Wandelzeiten*

Lektorat: Susanne Broos

Umschlagillustration: © olga.korneeva/creativemarket.com
Gesamtlayout und Innensatz: Tina Agard Grafik & Buchdesign, Esslingen am Neckar, www.tina-agard.de
Gesetzt aus der Alkes

Gesamtherstellung: Appel & Klinger, Schneckenlohe
Printed in Germany

ISBN 978-3-89060-874-7

Neue Erde GmbH
Cecilienstr. 29 · 66111 Saarbrücken
Deutschland · Planet Erde
www.neue-erde.de

SABRINA GUNDERT

SCHWELLEN ZEITEN WANDEL ZEITEN

Kraftvoll durch Lebenskrisen gehen

SCHWELLENZEITEN

Wenn das Alte nicht mehr
und das Neue noch nicht trägt,
lausche ich nach innen
auf den Weg, der kommen will.

Nicht-mehr und Noch-nicht.
Alte Weggefährtinnen des Lebens.
Immer wieder auftauchend, sich zeigend,
in den Schwellenzeiten. Fort und fort.

Sabrina Gundert

INHALT

EINLEITUNG

Wir alle haben Angst vor den Umbrüchen in unserem Leben. Wir wollen sie nicht haben. Zumindest die nicht, die wir nicht selbst gewählt haben: ein Todesfall oder eine Trennung, eine Kündigung, eine Krankheit, ein geplatzter Lebenstraum. Wünsche, die sich nicht erfüllt haben, eine Sinnkrise, der Auszug der eigenen Kinder, der Beginn der Wechseljahre.

Was immer es ist, dann, wenn eine Veränderung überraschend kommt, unerwartet, in jedem Fall aber ungewollt, stehen wir da und haben meist keine Ahnung, was wir machen sollen. Manche von uns fangen an, dagegen anzukämpfen, gehen in den Widerstand. Andere ziehen sich zurück, wollen mit der Welt nichts mehr zu tun haben. Und wieder andere erstarren, sind zu keiner Handlung mehr fähig.

Wandlungen und Krisen verunsichern uns, lähmen uns, machen Angst. In einer Welt, in der die Zahl der Krisen gefühlt zunimmt, erscheint auch die Sicherheit des eigenen Lebens brüchig. Kommt dann noch eine persönliche Krise hinzu, spüren wir häufig keinen Boden mehr unter den Füßen.

Das muss nicht sein und führt uns oft in die Irre. Denn solche Schwellenzeiten sind zugleich Momente, in denen etwas Neues im Leben beginnen kann. Sie fordern uns heraus, unsere Werte und Prioritäten zu überprüfen: Was trägt noch? Was ist mir wirklich wichtig? Wer sind die Menschen, die für mich da sind? Wie will ich mein Leben leben?

All das sind Fragen, die insbesondere in Schwellenzeiten auftauchen. Also in Zeiten, in denen wir auf einer Schwelle stehen. Wir stehen zwischen dem Vertrauten, das nicht mehr da ist, und dem Neuen, das noch nicht da ist.

Niemand hat uns beigebracht, was wir in dieser Zeit des Dazwischenstehens machen können. Uns gelehrt und gezeigt, wie wir gut durch Krisen und Wandlungszeiten gehen, ja, ihnen vielleicht sogar vertrauensvoll begegnen können.

Seit 2012 begleite ich Menschen auf ihrem persönlichen Herzensweg. Dabei, herauszufinden, was sie wirklich tun wollen in ihrem Leben, wie sie leben möchten und was ihnen von Herzen wichtig ist. Schwellenzeiten sind dabei oft ihr Startpunkt zu diesem authentischen Leben.

Indem wir verstehen, wie Schwellenzeiten ablaufen und was uns in ihnen erwartet, werden wir handlungsfähiger und können sie aktiv mitgestalten.

In diesem Buch zeige ich, dass es einen Rhythmus und typischen Ablauf in Schwellenzeiten gibt. Sie sind nicht etwas Chaotisches, sondern folgen ihrer eigenen Choreographie. Wenn du sie kennst, weißt du, was dich erwartet und was der nächste Schritt ist.

Ich nehme dich mit in diese uns oft unbekannte Zeit der Wandlungen. Ich erkläre dir, was Schwellenzeiten sind, was sie so herausfordernd macht, und zeige dir ihren typischen Ablauf und was in jeder der vier Phasen ansteht und dich unterstützt. Ich stelle dir mit dem Jahresrad ein Modell vor, das dir hilft, Schwellenzeiten zu verstehen und durch sie hindurch zu navigieren. Mut machende und anschauliche Beispiele aus meiner Coaching- und Seminarpraxis und von meinem persönlichen Weg zeigen dir, wie Wege durch Schwellenzeiten aussehen können.

Ich habe darüber hinaus Übungen, Rituale und Zeiten in der Natur entwickelt, die dir helfen, deine Schwellenzeit bewusst zu gestalten: Du erlebst dich dadurch wieder als handlungsfähig, als jemand, der sein Leben aktiv angehen kann.

Ich weiß sehr genau, wovon ich schreibe. Mein bisheriger Lebensweg wurde durch einige Schwellenzeiten geprägt. Sie haben mich in meinem Leben immer aufgerüttelt und durchgeschüttelt. Sie haben keinen Stein auf dem anderen belassen und mich oft gefühlt im größten Chaos stehenlassen. Erst rückblickend konnte ich sehen, wie das, was in ihnen geschehen ist, einen Sinn für mich ergeben hat. Wie es mich näher zu mir und zu dem, was eigentlich wichtig ist für mich und mein Leben, gebracht hat. Ich habe Schwellenzeiten als Momente erkannt, die uns die Möglichkeit geben, unseren ganz eigenen Herzensweg zu beginnen. Uns selbst näherzukommen. Und herauszufinden, was wir wirklich wollen im Leben.

Mittlerweile sind Schwellenzeiten das Schönste und zugleich Herausforderndste für mich im Leben. Wie oft will ich mitten in einer Schwellenzeit, dass sie endlich aufhört, dass alles wieder ist, wie es vorher war, oder dass ich endlich im Neuen bin. Und wie sehr erlebe ich nach einer Schwellenzeit, dass sie mich wieder ins Leben zurückgebracht und mich wahrhaft lebendig gemacht hat. Dass ich mich in ihr so richtig lebendig gefühlt habe.

Mit diesem Buch möchte ich diese Erfahrung mit dir teilen und dir Mut machen, deine Schwellenzeit, wann immer sie kommt, aktiv anzugehen. Sie als Teil deines Lebens zu erfahren, zu sehen, dass du sie mitgestalten kannst. Denn das ist für mich die Quintessenz: Indem wir erkennen, wie Schwellenzeiten ablaufen, welcher Rhythmus ihnen innewohnt und was wir in ihnen tun können, um uns selbst zu unterstützen, kommen wir raus aus der Ohnmacht und rein in die Handlungsfähigkeit. Es gibt etwas, das wir selbst tun können, um uns in diesem Prozess zu begleiten. An deiner Seite stehe ich dabei als erfahrene Schwellenzeit-Frau, als Coaching-Expertin, als Ritualfachfrau, als studierte Geographin und als eine Frau, die ihre Schwellenzeiten nie gewollt und doch gelernt hat, sie und ihren Wert für das eigene Leben zu schätzen und anzuerkennen. Machen wir uns auf die Reise.

KAPITEL 1

SCHWELLENZEITEN IM LEBEN

Wenn das Alte nicht mehr und das Neue noch nicht ist, lausche ich nach innen, auf den Weg, der kommen will.

WENN DIE WELT PLÖTZLICH KOPF STEHT

Deine Welt steht Kopf. Vielleicht ist das noch nicht lange so. Vielleicht war vor fünf Tagen, drei Wochen oder zwei Monaten noch alles in Ordnung. Dein Leben verlief in mehr oder weniger ruhigen Bahnen – du hattest Zeit für dich und Zeit für deine Verpflichtungen. Da gab es die gewohnten Abläufe in deinem Tag, die Struktur, die dir Halt, Sicherheit und Vertrauen gegeben hat.

Jetzt ist alles anders. Das, von dem du dachtest, dass es dir Halt gibt und dein Leben ausmacht, ist brüchig geworden oder ganz verschwunden. Du stehst da ohne Halt, hast keine Ahnung, wie es weitergehen soll, was du machen sollst. Unsicher und nach etwas, an dem du dich festhalten kannst, tastend, bewegst du dich vorwärts. Doch da ist nichts, woran du dich festhalten könntest. Gewohnte Lösungen funktionieren nicht mehr.

WAS IST EIGENTLICH LOS MIT MIR?

Endlich weiß ich, was mit mir los ist. Ich dachte, ich sei verrückt geworden. Irgendwie komisch. Gewohnte, vertraute Abläufe funktionieren auf einmal nicht mehr. Ich funktioniere nicht mehr. Was mich bislang erfüllt hat, stelle ich in Frage. Alles ist auf einmal an einem anderen Platz, nichts ergibt mehr Sinn. Endlich weiß ich, was mit mir los ist. Ich stehe auf der Schwelle, befinde mich in einer Schwellenzeit. Vielen Dank für dieses Wort.

Das schrieb mir eine Teilnehmerin, nachdem sie eines meiner Seminare zum Thema Schwellenzeiten besucht hatte. Sie ist nicht die Einzige, die so empfand. Viele Menschen, mit denen ich in Coachings und Seminaren zusammengearbeitet habe oder die einen Vortrag zum Thema Schwellenzeiten von mir besucht haben, haben mir gesagt, dass das Wort *Schwellenzeit* ihnen eine Erleichterung gebracht hat. Es hat ihre Situation nicht verändert, aber sie konnten auf einmal benennen und damit einordnen, was mit ihnen los ist.

Vor Kurzem bekam ich Post von einer Bloggerin. Sie hatte einen Artikel von mir gelesen, der sie nachdenklich gestimmt hat. Eigentlich sei in ihrem Leben alles gut gewesen. Sie lebte in einer Haus-WG mit zwei Freundinnen, verstand sich gut mit beiden und bemerkte eines Tages gleichwohl, dass etwas fehlte. Das, was sie an dem Zusammenleben bisher glücklich gemacht hatte, tat es nicht mehr. Sie stellte eine immer größere Unzufriedenheit fest und konnte doch nicht greifen, was mit ihr los war. Bis sie auf den Artikel von mir stieß: Und ihr damit bewusst wurde, dass sie sich in einer Schwellenzeit befand.

Das Wort *Schwellenzeit* fühlt sich für mich anders an als das Wort *Krise*. Krise. Was macht dieses Wort mit dir? Welche Gefühle entstehen beim Lesen? Wie fühlt sich dein Körper an, wenn du *Krise* denkst? Mein Körper zieht sich im Schulter- und Brustbereich zusammen, wenn ich an *Krise* denke. Es fühlt sich eng an, ich spüre Angst – und habe gleichzeitig das Gefühl, direkt reagieren, eine Lösung finden, etwas tun zu müssen.

Das Wort *Schwellenzeit* hingegen lässt in mir das Bild einer Landschaft entstehen. Wellenförmig breitet sie sich vor mir aus. Meine Brust wird weit und ich spüre eine leichte Angst, aber auch eine Vorfreude und Neugierde. Die Vorfreude ist vor allem auf das bezogen, was ich noch nicht benennen kann. Ausgelöst durch die Ahnung davon, dass da etwas Neues in mein Leben kommen wird. Neugierde, weil es sich wie ein unbestelltes Land anfühlt. Ich habe keine Ahnung, was in diesem Land wächst, wer dort wohnt, was dort passiert. Es ist wie ein weißer Fleck auf der Landkarte, den ich selbst befülle. Angst, weil ich nicht weiß, was mich dort erwartet.

In jedem Fall entsteht Raum. In mir und durch das Bild, das sich in meinem Inneren zeigt. Ich sehe, dass ich dazwischenstehe: Da gibt es in meinem Bild auf der linken Seite das gewohnte, vertraute Leben, was nicht mehr da ist. Und rechts das neue Land, was noch nicht da ist. Und dazwischen stehe ich. So etwa sieht das aus:

ALTES, VERTRAUTES LAND	DAZWISCHEN-STEHEN	NEUES, NOCH UNBEKANNTES LAND

Das Wort *Schwellenzeit* beschreibt keinen fixen Augenblick, der mit dem nächsten Wimpernschlag vorbei ist. Es spricht vielmehr von einer Zeitspanne. Von einer Zeitspanne – kürzer oder länger, das wissen wir vorher nicht –, in der wir auf der Schwelle stehen. Wo das Alte nicht mehr und das Neue noch nicht ist. Es beschreibt dieses Dazwischenstehen, das du oben zwischen dem Alten und dem Neuen siehst.

Du kannst das ganz praktisch auf einer Schwelle in deiner Wohnung nachvollziehen. Auf der einen Seite ist vielleicht dein Wohnzimmer. Auf der anderen Seite vielleicht der Flur, das Schlafzimmer oder ein anderes Zimmer. Dazwischen ist eine Schwelle. Manchmal hat sie eine leichte Erhebung, eine Leiste oder Übergangsschiene, die beide Räume miteinander verbindet und zugleich voneinander trennt. Genauso ist das in deinem Leben: Auf der einen Seite ist das Leben, das du kennst. Auf der anderen Seite ist das neue, unbekannte Leben. Dazwischen ist die Schwelle – sie trennt und sie verbindet die beiden Leben.

Jeden Tag gehen wir über so viele Schwellen – von der Einkaufsstraße in den Laden, von der Wohnung in den Hausflur, vom Büro nach draußen – und sind zugleich doch so unvertraut mit ihnen, wenn wir plötzlich im eigenen Leben auf einer Schwelle stehen. Vielleicht, weil wir im Alltag meist nicht auf der Schwelle stehen bleiben. Wir gehen direkt von einem Raum in den nächsten. Oder hast du dir schon einmal die Zeit genommen, dich bewusst auf die Schwelle zu stellen?

Genau das ist es jedoch, was in einem solchen Lebensmoment ansteht: auf der Schwelle zu stehen. Innezuhalten. Denn wenn das Leben uns solch eine Veränderung bringt, dass wir nicht einfach weitermachen können, als wäre nichts geschehen, müssen wir innehalten. Weil da noch keine Vorstellung von dem Neuen ist, von dem, wie es weitergehen könnte. In diesen Momenten finden wir keine Lösungen im Außen – nicht im Machen oder Tun. Wir können uns nur bereitmachen für das, was sich in unserem Inneren jetzt zeigen will. Wir müssen auf der Schwelle stehen bleiben. Die Zeit dort wird nicht ewig dauern. Und: Die Zeit auf der Schwelle ist weitaus sinnvoller und wesentlich wichtiger, als es im ersten Moment scheinen mag.

DIE GEWOHNTEN LÖSUNGEN FUNKTIONIEREN NICHT (MEHR)

Vielleicht hast du dein Leben – so wie ich – gerne im Griff. Wenn ein Problem auftaucht, weißt du, was zu tun ist. Entweder kennt dein Verstand die Lösung schon oder du schaust im Internet nach. Wenn du dort nichts findest, fragst du Freunde. Wenn das nichts bringt, siehst du dich nach Experten um oder gehst in ein Fachgeschäft.

Doch all diese Wege bringen dich nicht weiter, wenn deine Welt Kopf steht. Keiner von den Menschen, die du fragst, hat die Antwort auf deine Fragen. Keiner besitzt die Lösung zu deinem Problem. Ich hasse es, wenn das passiert. Weil es mir das Gefühl gibt, die Kontrolle über mein Leben zu verlieren und nicht mehr selbst in der Hand zu haben, wie und wo es weitergeht. Ich habe jedoch gelernt, dass dies das Einzige ist, was in solchen Momenten funktioniert: die Kontrolle abzugeben und nach innen zu gehen. Zu lauschen auf das, was kommen will. Denn hier wirst du Antworten finden. Wie, das zeige ich im Verlauf des Buches.

Es ist nicht schlimm, wenn die alten Wege nicht mehr funktionieren. Es ist ungewohnt, ja. Es ist unangenehm, angsteinflößend, auch das. Vielleicht löst es sogar regelrechte Panik in dir aus. Doch es gibt Wege, um an Antworten zu kommen. Wege, die sich aus deiner Zuwendung nach innen vor dir ausbreiten. Aus der Hinwendung zu dem Ort in dir, an dem die Stille ist und sich die Antworten zeigen können.

Rainer Maria Rilke hat das im Buch *Briefe an einen jungen Dichter*[1] sehr schön beschrieben. Darin schreibt er einem jungen Dichter, der voller Fragen ist, dass es jetzt darum gehe, die Fragen zu lieben. So wie Bücher, die in einer sehr fremden

Sprache geschrieben sind. Oder wie verschlossene Stuben. Dass es nichts bringen würde, jetzt schon die Antwort zu wissen, weil der junge Dichter sie nicht leben könne. Und weil es im Leben darum gehe, alles zu leben, sei das, was der junge Mann in diesem Moment tun könne, die Fragen selbst zu lieben, um somit, eines Tages, in die Antwort hineinzuleben. Mir gehen diese Zeilen sehr oft durch den Kopf. Die Fragen selbst zu lieben – wie herausfordernd. Der Gedanke fühlt sich unvertraut, ja, fast töricht an. Wollen wir doch meist sofort eine Antwort. Und doch ist es der Weg, den wir hier, in diesem Buch, zusammen gehen werden.

ERFAHRUNGSBERICHTE

Nach dem Tod des Ehemannes: Wo will das eigene Leben weitergehen?

Silke kommt ein halbes Jahr nach dem Tod ihres Ehemannes zu mir in einen Kurs. Sie ist auf der Suche nach dem Sinn in ihrem Leben. Nach dem, wie ihr Leben jetzt weitergehen soll. Sie fühlt sich schlecht, weil sie noch nicht weiß, wie es für sie weitergehen soll. Auch weil die Menschen in ihrem Umfeld sie ständig danach fragen – so als müsse sie es nun endlich mal wissen. Im Kurs erfährt sie erstmals vom Jahresrad (das ich im nächsten Kapitel vorstellen werde) und versteht, dass sie sich gerade in einer Schwellenzeit befindet. Das Wissen um die Schwellenzeiten und deren Verlauf erleichtert sie. Sie erlaubt sich mehr Zeit und Raum, um ihre Antworten zu finden. Statt ständig nach neuen Möglichkeiten zu suchen – neuen Wohnorten, neuen Arbeitsstellen, noch mehr Büchern, die ihr vielleicht Antworten und Richtungen vorgeben könnten – und sich so selbst unter Druck zu setzen, geht Silke nun öfters mit ihrer Hündin durch den Wald spazieren. Auf diesen Spaziergängen entdeckt sie ihre Faszination für die Natur neu. Auch kommt sie dabei mehr und mehr zur Ruhe und spürt sich selbst wieder besser. Auf einem ihrer Spaziergänge hat sie die spontane Idee, mit dem Zeichnen anzufangen. Sie besucht einen Kurs, es gefällt ihr gut. Immer mehr drückt sie sich durch das Zeichnen und Malen aus – bis irgendwann ihr Entschluss steht, eine Ausbildung im Ausdrucksmalen zu machen, um künftig selbst andere Menschen auf dem Weg zu ihren Antworten zu begleiten. Zwei Jahre nach dem Tod ihres Ehemannes hat sie aus sich heraus einen neuen Lebenssinn und eine neue Ausrichtung gefunden.

Wenn die Arbeit unerträglich wird: Finde ich mit Ende 50 noch eine neue Arbeitsstelle?

Stefan ist seit mehr als 20 Jahren für seinen Arbeitgeber tätig. Er ist Teil eines fünfköpfigen Teams und liebt seine Arbeit sehr. Er schätzt seine Kolleginnen und Kollegen, die täglich wechselnden Aufgaben und das herzliche Miteinander. Dann übergibt der Inhaber und Gründer der Firma diese aus Altersgründen an ein anderes Unternehmen. Ein Segen, wie erst vermutet wird, denn der neue Firmenchef wirkt ebenso herzlich und kompetent wie der alte. Doch schnell zeigt er nach der vollzogenen Übernahme ein anderes Gesicht und die Arbeit entwickelt sich zum Albtraum: Schikane, Mobbing, Überwachung, Druck von oben und veränderte Arbeitsaufgaben machen Stefan zu schaffen. Viele jüngere Kolleginnen und Kollegen gehen. Doch kann Stefan einfach kündigen? Wird er mit Ende 50 überhaupt noch eine neue Arbeitsstelle finden? Er sucht nach Stellenangeboten, schaut in die Inserate in der Lokalzeitung, recherchiert im Internet. Er bewirbt sich, bekommt nur Absagen. Irgendwann schaltet er einen Gang herunter – er schaut sich zwar weiter um, probiert aber, die Suche entspannter anzugehen, den Druck herauszunehmen. Er erzählt nun vermehrt Freunden und Bekannten, dass er eine neue Arbeitsstelle sucht. Er schaut sich bei Firmen um, die ihn interessieren. Er erinnert sich auch wieder daran, was seine Stärken und seine Qualitäten sind und was er im Leben noch gerne einmal beruflich machen oder ausprobieren möchte. Eines Nachmittags bekommt er einen Anruf von einem Bekannten, den er viele Jahre nicht gesehen hat und der nichts von seiner Jobsuche weiß. Dieser fragt ihn, ob er sich vorstellen könnte, eine Stelle in einem kleinen Team zu übernehmen – eine Leitungsfunktion. Das ist etwas, mit dem Stefan in den vergangenen Jahren oft geliebäugelt hat, was in seinem bisherigen Team aber unmöglich gewesen war, da der Chefposten bereits besetzt war. Stefan staunt: Gerade als er nicht mehr versucht hat, mit dem Kopf durch die Wand zu kommen und unbedingt jetzt gleich eine Lösung und einen neuen Job zu finden, hat sich die Möglichkeit aufgetan. Er sagt zu und tritt vier Monate später die neue Arbeitsstelle an.

Was Stefan und Silke beide getan haben, ist, in der Frage zu stehen. Die Landkarte, die noch keine Landschaften, Straßen oder Städte enthält, in den Händen zu halten und mit ihr – so weiß und leer, wie sie ist – mitten im Leben zu stehen. Und zu erleben, dass sie sich nach und nach füllt. Oft, wie bei den beiden, auf ganz andere Weise als gedacht.

Was wir in Schwellenzeiten oft wollen, ist, dass sie möglichst schnell vorbeigehen. Wir wollen zu gerne schon klar wissen, wo der Weg weitergeht. Was das Leben mit uns vorhat. Oder wir wollen zurück ins Vertraute, Bekannte. Das Unvertraute, die leere Landkarte, liegt uns nicht, es verunsichert uns. Vielleicht versuchst du in diesen Zeiten das Alte festzuhalten, obwohl es längst nicht mehr da ist. Ich habe das sehr oft gemacht. So getan, als wäre das Vertraute noch nicht weg, im Versuch, es dadurch wieder zum Leben zu erwecken oder irgendwie Halt in ihm zu finden. Das funktioniert jedoch nicht. So schmerzlich es auch ist.

SO FÜHLEN SICH SCHWELLENZEITEN AN

In einer Schwellenzeit stirbt etwas Vertrautes oder es ist schon gestorben, und wir werden mitten hineingeworfen in einen Sterbeprozess. Gleich, ob es sich dabei um einen Menschen, einen Ort, einen Lebensentwurf, einen Lebensumstand, einen Job, einen Gesundheitszustand, einen Lebenswunsch, eine Hoffnung, einen Lebenstraum oder etwas anderes handelt: Etwas stirbt. Etwas, von dem wir nicht gewollt haben, dass es sich verändert, geht oder stirbt, ist nicht mehr da.

Das, was unser Leben bislang ausgemacht hat,

- ist nicht mehr da
- erfüllt uns nicht mehr
- berührt uns nicht mehr
- interessiert uns nicht mehr
- fühlt sich falsch an
- stimmt nicht mehr für uns
- hat nichts mehr mit uns selbst zu tun

Wir stehen auf der Schwelle zwischen dem Alten und dem Neuen. Ob wir es wollen oder nicht. Dort zu stehen, mit einer leeren Landkarte in der Hand, ist eine zutiefst emotionale Erfahrung. Es kann sich so anfühlen:

- unsicher
- ängstlich
- zart
- roh
- nackt
- leer
- wie im Nebel stehend

- wie in der Luft hängend
- dazwischenhängend oder dazwischenstehend
- falsch
- seltsam
- als funktioniere man nicht mehr
- wie aus dem Rahmen gefallen
- als sei der Boden unter den Füßen verschwunden
- als sei kein Halt mehr da

Mainstream, Oberflächliches, Smalltalk – all das können wir auf einmal nicht mehr. Es interessiert uns auch nicht, weil es nichts mit unserem Leben in diesem Moment zu tun hat. Jetzt geht es um Wesentlicheres, das spüren wir.

SCHWELLENZEITEN BEGLEITEN UMBRÜCHE IM LEBEN

Schwellenzeiten treten immer dann auf, wenn es einen Bruch im eigenen Leben gibt. Etwas ist passiert. Ob innerlich oder äußerlich, ob gewollt oder nicht gewollt. Auf einmal ist alles anders. Ein Riss im Gewohnten.

Schwellenzeiten an sich sind neutral. Auch mit der Geburt eines Kindes, mit einer Heirat, einem gewollten Jobwechsel oder einem bewussten Umzug betrittst du eine Schwellenzeit. Dein altes Leben, so wie es vorher war, gibt es nicht mehr. Der große Unterschied ist hier: Du hast dir diese Veränderung in deinem Leben selbst ausgesucht. Du wolltest das Kind, die Hochzeit, den neuen Job oder das Wohnen an einem neuen Ort. Bei Schwellenzeiten, die wir gewollt haben, gehen wir meist freudig, mit Leichtigkeit und zupackend auf die Veränderung zu –

wir sehnen sie herbei und können vielleicht gar nicht erwarten, dass sie endlich eintritt. Ein mulmiges Gefühl, Angst, wie das Neue wohl wird, haben wir vielleicht auch – aber im Vergleich zur Vorfreude sind sie gering und die freudige Erwartung auf das Kommende trägt uns vorwärts.

Anders ist es mit Schwellenzeiten, die wir nicht gewollt oder geplant haben. Sie brechen über uns herein, verändern unser Leben – ohne dass wir es verhindern können. Mit ihnen kämpfen wir, versuchen sie zu ignorieren, wollen sie schnell hinter uns bringen oder aus unserem Leben weghaben. Wir erleben sie ganz anders als die Schwellenzeiten, die wir selbst initiiert haben. Ob eine Schwellenzeit als gut oder schlecht, als leicht oder herausfordernd empfunden wird, liegt letztlich also daran, wie wir selbst auf diese Schwellenzeit blicken, an unserer inneren Haltung dazu.

Generell sind Schwellenzeiten natürlicher Bestandteil eines jeden Lebens. Manchmal tauchen sie alle paar Jahre auf, dann wieder gefühlt alle paar Monate. Manche Menschen sagen, sie haben das Gefühl, nach der letzten Schwellenzeit ist vor der nächsten Schwellenzeit. Oftmals kommen bei einer Schwellenzeit auch mehrere Anlässe zusammen – erst die Trennung, dann der Umzug, anschließend der neue Job beispielsweise. Dadurch kann eine Schwellenzeit nochmals komplexer und herausfordernder werden. Sie kann uns in jedem Alter begegnen und je älter wir werden, umso mehr Respekt oder Angst haben wir vielleicht vor ihr, weil unser Leben so schön geordnet ist und wir eigentlich keine Veränderung mehr wollen. Ich weiß zumindest, dass ich mit 16 oder 20 zum Beispiel eine Trennung eher weggesteckt habe – traurig war, geweint habe, und dann nach vorne geschaut habe – als mit Mitte 30, als gefühlt viel mehr dranhing an dieser Veränderung.

Schwellenzeiten haben keine festgelegte Dauer – sie sind unterschiedlich lang. Mal stehen wir gefühlt ein Jahr auf der Schwelle, dann wieder sechs Monate oder vier Wochen. Manchmal auch nur einen Tag. Schwellenzeiten können sich groß oder klein anfühlen, mit Pausen zum Durchatmen oder wie ein einziger, wilder Ritt auf der Welle der Veränderung. Sicher ist nur: Sie wandeln uns und unser Leben und wir gehen anders aus einer Schwellenzeit heraus, als wir in sie hineingegangen sind.

Jetzt könnte man natürlich sagen: Tod, schwere Krankheit und Trennung sind große Schwellenzeiten. Umzug, spirituelle Suche, Beginn der Wechseljahre sind kleine Schwellenzeiten. Doch so einfach ist es nicht. Es lässt sich noch nicht einmal sagen, dass eine schwere Krankheit unbedingt eine Schwellenzeit sein muss, die jemand rundherum ablehnt oder die ihn an den Rand der Verzweiflung bringt. Auch wenn von außen betrachtet alles so aussieht, als würde dieser Mensch gerade die schlimmste Zeit seines Lebens erfahren, muss das für ihn nicht so sein.

ERFAHRUNGSBERICHT

Ein Magengeschwür hätte nicht gereicht

Margret hat vor einigen Jahren in eine Firma investiert. Sie hat diese als Start-up-Unternehmen mit einem Freund zusammen aufgebaut. Obwohl sie schon bei der Firmengründung für einen Moment ein ganz schlechtes Gefühl hatte, hat sie Ja gesagt. Doch die Probleme in der Firma hören nicht auf. Margret weiß nicht, was sie tun soll. Aufhören ist keine Option für sie. Sie fühlt sich verantwortlich. Auch ihr privates Umfeld ist fordernd und auch hier fühlt sie sich verantwortlich. Als sie mit starken Bauchschmerzen ins Krankenhaus eingeliefert wird, die Diagnose: Darmverschluss. Es erfolgt eine Not-Operation und sie überlebt. Danach eröffnen ihr die Ärzte, was den Darmverschluss verursacht hat: Darmkrebs. Margret sagt: Nie wäre ich den Schritt aus der Firma gegangen, wenn die Diagnose nicht so heftig gewesen wäre. Ein Magengeschwür hätte nicht gereicht. Ich brauchte diese heftige Krankheit, um aufzuwachen und meinen Weg zu verändern. *Sie wird nach einer weiteren Operation wieder gesund, verkauft ihren Anteil an der Firma, steigt aus, zieht in die Stadt, die sie schon viele Jahre anzieht. Sie beginnt ihren ganz eigenen, neuen Weg und hört endlich auf ihre innere Stimme. Damals, sagt Margret heute, hätte sie verstanden, dass wenn sie gestorben wäre, die anderen immer noch da gewesen wären. Und dass deshalb sie an erster Stelle in ihrem Leben stehen müsse. Nur sie könne gut für sich sorgen und wisse, was sie wirklich brauche und wolle in ihrem Leben.*

Dieses Beispiel zeigt, dass es sich nicht von außen beurteilen lässt, wie jemand seine eigene Schwellenzeit erlebt. Es gibt kein Schema, in das Schwellenzeiten eingeordnet werden können. Jeder erlebt seine Schwellenzeit anders. Ob schwierig und herausfordernd, ob leicht und gut zu nehmen oder als lebensnotwendig – das weißt nur du allein. Niemand von außen kann zu dir sagen: *Das ist doch nicht so schlimm* – und niemand kann sagen: *Das ist doch schlimm.* Nur dein Empfinden zählt. Denn es geht um dein Leben.

Eine Schwellenzeit kann also alles sein, was das eigene Leben für einen selbst grundlegend wandelt. Besonders herausfordernd ist sie, wie beschrieben, dann, wenn sie ungewollt kommt. Manche Schwellenzeiten kündigen sich über längere Zeit an – wie eine Krankheit, die sich immer deutlicher zeigt, der Auszug der Kinder, der vielleicht über Monate besprochen wird, oder eine Trennung, die sich immer klarer abzeichnet. Andere Schwellenzeiten kommen plötzlich: Der Tod durch einen Unfall, die überraschend ausgesprochene Trennung, die unerwartete Kündigung. Gerade war alles noch so wie immer – jetzt ist es ganz anders. Hier kommt als zusätzliche Herausforderung das Unerwartete hinzu – was nicht heißt, dass solche Schwellenzeiten per se schwieriger sind als jene, auf die man sich langsam einstellen kann. Es ist einfach ein zusätzlicher Faktor.

Eine Schwellenzeit kann durch äußere oder innere Anlässe ausgelöst werden. Die äußeren Anlässe sehen wir meist sehr klar: Tod, Trennung, Kündigung, stille Geburt oder Krankheit beispielsweise. Die inneren Anlässe sind weit weniger konkret greifbar. Alle Pläne und Wünsche zu verwirklichen und dann zu merken: Das ist es nicht. Alles zu haben im Leben – Partner oder Partnerin, Haus, Kind, Hund – und sich trotzdem nicht erfüllt zu fühlen. Zur Arbeit zu gehen und eines Tages am Schreibtisch sitzend zu spüren: Es stimmt nicht mehr. Es sind die diffusen, ungreifbaren, inneren Gefühlsregungen, die wir oft als ein inneres Knarzen oder als Gefühl, dass etwas unrund läuft im eigenen Leben, wahrnehmen. Häufig können wir sie nicht klar benennen und doch sind sie da. Wir versuchen uns abzulenken, mehr Sport zu treiben, mehr zu arbeiten, mehr Projekte einzuplanen oder Freundinnen und Freunde zu treffen, aber das Gefühl bleibt. Wir sagen uns, dass wir uns nicht so haben sollten, es sei bestimmt nur eine Phase und schließlich hätten wir doch alles, was wir wollten. Aber das Gefühl, dass etwas nicht mehr stimmt oder fehlt, bleibt.

Hier braucht es meist länger, uns einzugestehen und überhaupt zu bemerken, dass wir uns in einer Schwellenzeit befinden. Weil unser Augenmerk meist gar nicht auf solchen Zeiten des Wandels, die sich durch Gefühle zeigen, liegt. So, wie die Bloggerin es beschrieben hat, von der ich zu Beginn dieses Kapitels erzählt habe: Alles war anders (in ihr drin) und sie konnte nicht sagen, warum.

Ich glaube, wenn eine Schwellenzeit mit einem inneren Knarzen oder dem Gefühl, dass die Dinge nicht mehr stimmen für uns, beginnt, ist das Entscheidende, was fehlt, der Beweis. Ist jemand Nahestehendes gestorben, haben wir eine Diagnose bekommen oder liegt das Kündigungsschreiben auf dem Tisch, haben wir einen Beweis dafür, warum wir uns so fühlen. Andere Menschen und wir selbst sagen: *Klar, dass du dich so fühlst, dass dich das so herausfordert und aus der Bahn wirft, das ist ja ganz logisch in dieser Situation.* Bei den inneren Beweggründen können wir diese Beweise nicht sehen oder anderen vorzeigen. Oft fehlen uns selbst die Worte, um zu benennen, was eigentlich los ist. Wir können es selbst nicht richtig greifen, geschweige denn, es jemand anderem erklären. Somit zweifeln wir oft an uns selbst: Ob das wirklich so schlimm ist, wie es sich anfühlt, ob wir das richtig wahrnehmen in uns oder uns in etwas hineinsteigern, ob wir uns selbst da wirklich trauen dürfen. Du darfst dir trauen. Du musst es sogar. Eine Schwellenzeit, die durch einen inneren Anlass hervorgerufen wird, ist nicht weniger schmerzhaft oder herausfordernd als eine, die durch ein äußeres Ereignis ausgelöst wird. Sie zeigt sich einfach zunächst innerlich statt äußerlich. Der Weg, der vor dir liegt, ist der Gleiche – wo immer deine Schwellenzeit auch anfängt.

Äußere Anlässe für Schwellenzeiten (meist klar benennbar)

- Tod eines (nahen) Menschen
- Trennung, Scheidung
- Auszug der Kinder
- Umzug
- Konkurs der eigenen Firma
- Jobwechsel oder Kündigung
- Beginn der Wechseljahre
- Sternenkind, stille Geburt oder Geburt
- Krankheit
- runder Geburtstag
- Pensionierung

Innere Anlässe für Schwellenzeiten (oft eher diffus)

- inneres Knarzen, das Gefühl, dass etwas im eigenen Leben (das ganze Leben oder Teile davon) nicht mehr passt
- etwas fühlt sich unrund an (im Inneren oder im Außen)
- innere (oft nicht benennbare) Suche oder Sehnsucht
- spirituelle Suche
- unerfüllter Kinderwunsch
- unerfüllte Träume, Wünsche, Lebensvorstellungen
- Suche nach dem Lebenssinn
- innere Leere

Natürlich gibt es auch äußere Anlässe wie einen Krieg, ein Erdbeben, eine Wirtschaftsrezession oder einen Putsch, die eine Schwellenzeit auslösen – oft für ein ganzes Land, eine ganze Region oder Personengruppe. In diesem Buch beziehe ich mich ausschließlich auf Situationen aus dem persönlichen Leben. Denn es sind gerade die vermeintlich kleinen, persönlichen Schwellenzeiten, die uns oft gar nicht bewusst sind und die dabei doch unser Leben und dessen weiteren Verlauf entscheidend prägen.

> Wenn das Vertraute nicht mehr da ist und das Neue noch nicht, stehst du auf der Schwelle. Charakteristisch für eine Schwellenzeit ist das Gefühl, dazwischenzustehen. Du kannst nichts tun, um das Neue schneller herbeizuholen, und das Alte, Vertraute ist längst weg. Das macht Angst und führt zu Unsicherheit. Gewohnte Lösungen funktionieren in dieser Zeit nicht mehr und es braucht neue Wege, um den Schwellenzeiten im Leben zu begegnen.

Schwellenzeiten können durch ganz unterschiedliche Dinge ausgelöst werden: Durch äußere Anlässe, wie den Tod eines Menschen, eine Trennung oder eine Kündigung, und auch durch innere Anlässe, wie das Gefühl, dass das eigene Leben sich auf einmal nicht mehr passend oder leer anfühlt. Schwellenzeiten fordern uns oftmals sehr heraus, weil sie unsere gewohnte Welt durcheinanderbringen und wir nicht wissen, wie wir mit ihnen umgehen sollen. Kommen Schwellenzeiten ungewollt oder auch überraschend, sind sie besonders herausfordernd.

DAS LEBEN VERLÄUFT ZYKLISCH

Geborgen im Rhythmus des Lebens,
in den Gezeiten der Natur, im Hier und Jetzt.
Deinen Rhythmus erinnern. Spüren, dass du eingebunden bist.
In die Jahreszeiten. In das Leben. In ein größeres Ganzes.

Häufig wünschen wir uns, dass unser Leben immer gleich verläuft. Ruhig und klar, in sicheren Bahnen. Vielleicht haben wir auch den Anspruch, dass es so sein muss, und denken, etwas falsch gemacht zu haben, wenn sich unser Leben wandelt. So oder so wollen wir meist, dass alles beim Alten bleibt – zumindest, wenn wir es für gut befinden.

Dabei entspricht das Leben vielmehr einem fortwährenden Wandlungsprozess aus Werden und Vergehen. Alles Lebendige lässt sich in diesem Zyklus verorten:

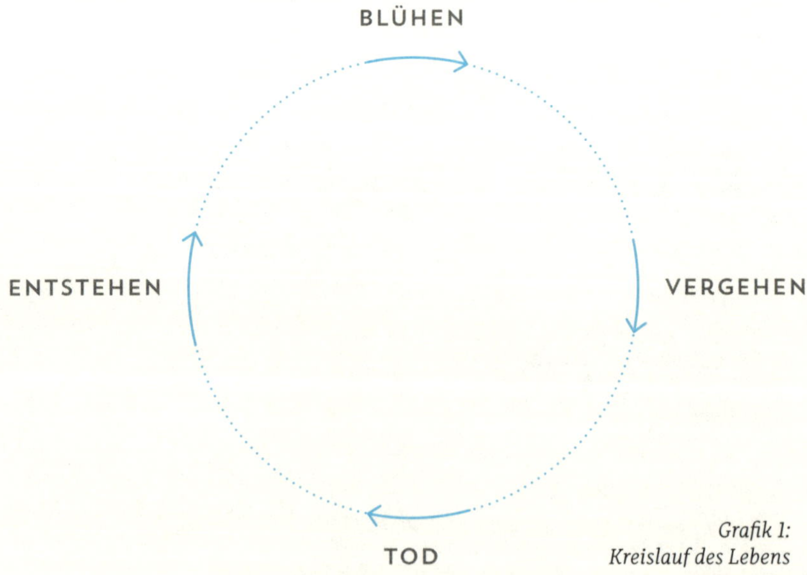

Grafik 1: Kreislauf des Lebens

Ob es der Atemrhythmus ist, eine neue Beziehung, eine neue Idee, der Sonnenverlauf oder das eigene Lebensalter – alles ist Teil dieses Rhythmus:

Der Einatem entsteht aus der Atemruhe heraus, entwickelt sich bis zur Atemfülle, ehe der Ausatem kommt und wieder zurückkehrt zur Atemruhe. Dann beginnt der Zyklus von vorne und wir atmen wieder ein.

In uns entsteht der Wunsch nach einer neuen Beziehung, wir tragen ihn nach außen, finden den zu uns passenden Menschen und beginnen eine Beziehung mit ihm, die nach einigen Tagen, Wochen, Monaten oder Jahren ihren Höhepunkt erreicht, um sich anschließend zu vertiefen oder wieder aufzulösen.

Eine Idee entsteht in unserem Inneren, wird konkreter, sodass wir sie umsetzen können. Aus der Idee wird ein Projekt, das sichtbar in der Welt steht. Nachdem es seinen Höhepunkt erreicht hat, wird es entweder verfeinert und vertieft, sodass es in einen nächsten Zyklus gehen kann oder es verschwindet wieder vom Markt.

Aus der Dunkelheit geht die Sonne am Morgen langsam auf und erhellt nach und nach den Tag. Am Mittag erreicht sie ihren höchsten Punkt, um gegen Nachmittag wieder zu sinken und anschließend unterzugehen und wieder Platz zu machen für die Dunkelheit der Nacht.

Als neuer Mensch werden wir in der Dunkelheit, im Körperinneren, gezeugt, und nach einer Zeit der Reife und des Heranwachsens in die Welt geboren. Wir werden zu einem Kind, dann zu einem Erwachsenen und stehen in der Blüte unseres Lebens. Schließlich werden wir älter, zum Senior oder zur Seniorin, und sterben schließlich.

Alles, was lebt, folgt diesem Rhythmus. Nichts ist starr oder immer gleich. Dieser Kreislauf aus Werden und Vergehen entspricht zugleich dem Wechsel der vier Jahreszeiten in unserem heimischen Jahresverlauf:

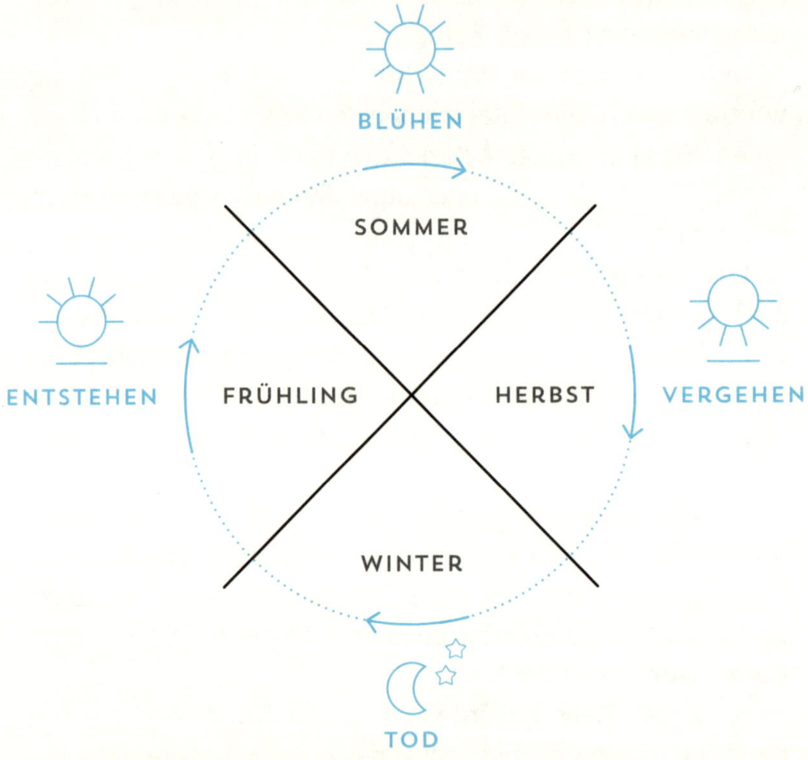

Grafik 2: Jahresrad mit seinen vier Jahreszeiten

DER KREISLAUF VON WERDEN UND VERGEHEN

Die nebenstehende Grafik zeigt die vier Jahreszeiten: Winter, Frühling, Sommer und Herbst. Jede Jahreszeit macht zu einem Viertel das Jahresrad aus. Der Winter steht ganz unten, als Basis, aus der das Neue entsteht. Im Uhrzeigersinn weitergehend folgt auf den Winter der Frühling und nach ihm, am Hochpunkt des Lichts, der Sommer. Der Herbst ist dann auf der gegenüberliegenden Seite des Frühlings zu finden – hier nimmt die Kraft wieder ab, ehe es zurück in den Winter geht. Schauen wir uns diese Kreislaufbewegung genauer an, sehen wir, dass sich die vier Qualitäten aus dem Kreislauf des Lebens hierein integrieren lassen: Der Winter entspricht der Qualität des Ruhens und des Todes, der Frühling der Zeit des Entstehens, der Sommer der Zeit der vollen Blüte und der Herbst der Zeit des Vergehens. Diese Verbindung der Jahreszeiten mit den Qualitäten aus dem Kreislauf des Lebens können wir ganz leicht nachvollziehen, indem wir uns deutlich machen, wie sich jede Jahreszeit in der Natur verhält: Im Frühling kommt die Kraft in die Pflanzen und auch in uns Menschen zurück. Wir spüren Tatendrang und Umsetzungskraft, haben Lust, Neues anzugehen. Samen in der Erde gehen auf, Pflanzen wachsen aus der Erde, das neue Leben wird sichtbar. Es ist die Zeit des Entstehens. Im Sommer stehen die Pflanzen in voller Blüte und Pracht – üppig, kraftvoll, bunt. Es ist der Hochpunkt des Jahres. Auch wir selbst stehen nun mitten im Leben, erfahren uns in unserer Kraft. Im Herbst ziehen sich die Kräfte dann langsam in die Erde zurück – Pflanzen verlieren ihre Blätter, Blüten sind längst zu Früchten geworden oder bereits abgefallen. Auch wir selbst nehmen uns wieder mehr Zeit für uns, ziehen uns mehr nach innen zurück. Es ist die Zeit des Vergehens. Im

Winter sehen die Pflanzen oftmals äußerlich tot aus, haben sich jedoch nur in die Erde zurückgezogen, um zu ruhen und zu regenerieren. Sie bereiten sich auf den nächsten Zyklus vor. Auch für uns ist der Winter eine Zeit des Innehaltens und der Reflexion. Der Winter entspricht der Qualität von Tod, Stille und Ruhen, er ist der Tiefpunkt des Jahres.

Das Jahresrad als Modell gibt es in vielen Kulturen. Was als Basis genommen wird, also welche Jahreszeit unten ist, ist unterschiedlich. Ursula Seghezzi hat in ihrem Buch *Kompass des Lebens*[2] den Winter als tiefsten Punkt definiert. Mich hat das sehr berührt, als ich bei ihr erstmals vom Winter als Basis des Jahresrades gelesen habe. Was, wenn die Stille und das Nicht-Wissen des Winters die Basis unseres Lebens sein könnten und sind? Was, wenn die leeren Hände und die Stille in uns den Ausgangspunkt für alles Kommende bilden könnten? Mir haben diese Fragen und Erklärungen einen enormen Druck genommen. Denn für mich bedeutet das: Ich muss nicht erst jemand sein, der alles hat – wie Haus, Job, Kind, Partner, Partnerin – um mein Leben beginnen zu können. Nicht die Fülle im Außen ist die Basis meines Lebens, sondern mein Verbundensein mit mir, der Stille und das nach innen Gehen sind die Basis für alles Kommende. Deshalb habe ich ihren Ansatz in meinem Schwellenzeiten-Modell aufgegriffen. Denn im Winter, der Schwellenzeit, entsteht das Neue aus der Stille, der Dunkelheit und dem inneren Nicht-Wissen heraus. Der Winter ist damit Start- und Endpunkt im Kreislauf des Lebens – es ist wesentlich zu sehen, dass er immer beides ist. Denn dem Frühling geht ein Winter voraus: Die Zeit, in der der Same in der Dunkelheit der Erde verweilt, bevor aus ihm neues Leben entsteht. Der Moment, aus dem heraus der Einatem entsteht. Der Augenblick, in dem einem bewusst wird, dass man sich eine

Beziehung wünscht. Der Augenblick, in dem die neue Idee im Inneren geboren wird. Der Zeitpunkt, an dem ein neues Leben gezeugt wird. Diese Momente geschehen in der Dunkelheit – das Kind wird im Mutterleib gezeugt und wächst dort heran, ebenso wie die meisten Samen in der Erde keimen. Das Wesentliche geschieht sozusagen unsichtbar für das äußere Auge. Wir meinen oft, die Dinge beginnen erst mit dem Frühling – wenn das Kind auf die Welt kommt oder das Pflanzengrün sichtbar die Erde durchstößt. Doch das Eigentliche ist zu diesem Zeitpunkt bereits geschehen. Neues Leben hat schon begonnen, auch wenn wir davon äußerlich noch nichts oder nur wenig mitbekommen haben. Das zu verstehen ist wesentlich, denn es macht uns bewusst, wie wichtig der Winter ist. Wir wollen die dunkle, kalte Jahreszeit oft nicht haben, wir haben nur noch einen alltäglichen Bezug zu ihr, ihre Bedeutung im Kreislauf des Lebens ist uns oft nicht mehr bewusst. Ebenso wie wir die Winter unseres Lebens – die Schwellenzeiten – nicht haben wollen. Doch in ihnen entsteht das Neue. Es beginnt nicht erst mit dem nächsten Frühling, sondern entsteht mitten aus der Dunkelheit heraus.

Trotzdem versuchen wir oft, direkt vom vergangenen Herbst in den nächsten Frühling zu kommen und den Winter dazwischen, die Schwellenzeit, auszusparen. Das kennen wir alle: Wir verlieren den Job oder kündigen – andere sagen zu uns: *Oh, wie blöd – hast du schon was Neues?* Eine Beziehung endet oder wir trennen uns – wir hören Worte wie: *Ach, wie schade – aber der oder die Nächste kommt bestimmt.* Jemand stirbt und andere sagen zu uns: *Das tut mir leid – aber das Leben geht weiter, das wird schon.*

Niemand möchte im Winter stehen. Niemand möchte den Schmerz erfahren, die Trauer erleben, den Tiefpunkt durchschreiten und nicht wissen, wie es weitergeht. Wir sind nicht vertraut damit, es ist nichts, was wir in der Schule, auf der Arbeit, zuhause oder sonst irgendwo lernen. Selten sagt jemand in Momenten, in denen etwas Wesentliches in unserem Leben wegbricht, zu uns: *Da passiert gerade etwas Großes in deinem Leben. Du bist in einer Schwellenzeit. Nimm dir erst einmal Zeit für dich, lausche nach innen. Lass das Sterben wirklich zu, nimm dir Zeit für deine Tränen. Es ist eine wertvolle Zeit. Eine, nach der du genau wissen wirst, was dir wichtig ist im Leben. Die deine Prioritäten sortiert und dich klar weitergehen lässt.* Es kommt meist niemand, der uns Alltagsdinge wie Kochen oder Putzen abnimmt und uns ermutigt, die meiste Zeit jetzt mit Träumen, Visionieren, Stillsein und dem Fühlen von dem, was ist, zu verbringen.

Was fehlt, ist das Bewusstsein für den Wert einer Schwellenzeit. Mit der Schwellenzeit vertraut zu werden, heißt, wieder vertraut zu werden mit der Qualität des Winters. Wie läuft der Winter in unserer zivilisierten Welt meist ab? Der Winter in unseren Breiten ist meist geprägt von viel Aktivität: Es gibt Advents- und Weihnachtsmärkte, viele Veranstaltungen, Feste und Feiern. Die Städte und Häuser sind beleuchtet, es ist viel Licht da. Erst nach dem 6. Januar erleben wir oftmals so richtig die Dunkelheit des Winters – wenn die Weihnachtsmärkte vorbei sind und die Beleuchtung abgebaut ist. Dann können wir es häufig nicht erwarten, bis endlich der Frühling da ist und es wieder heller wird. Weihnachtsmärkte und Lichter sind schön, keine Frage, darum geht es auch gar nicht. Wichtig ist zu sehen, dass wir kaum den Winter in seiner ursprünglichen Qualität erfahren, so, wie er sich in der Natur zeigt. Es ist eher eine Art von Sommer, mit viel Aktivität und Unterwegssein, die wir da im Winter leben. Die eigentlichen Qualitäten des

Winters sind jedoch die von Rückzug, Stille, Regeneration, Ruhen und der Vorbereitung auf das Neue. Es ist eine Zeit, die einlädt, nach innen zu lauschen und zu spüren, welche Regungen sich dort wahrnehmen lassen. Antworten und Impulse von innen heraus, aus der Dunkelheit, mitzubringen. Das Jahr Revue passieren zu lassen oder das Gewesene zu betrauern, um inneren Frieden zu finden mit dem, was ist. Der Winter erfrischt und erneuert den Geist und lässt einen die eigenen Kräfte wieder sammeln. Herbst und Winter werden damit zum Ausgleich von Frühling und Sommer: Während die Kraft und Aktivität in Frühling und Sommer nach außen gewandt sind, wenden sie sich im Herbst und Winter nach innen, zur Reflexion und zum Innehalten. Damit kommt das Leben wieder in eine Balance, findet zurück zu einem Wechsel aus Aktivsein und Ruhen. Es wird wieder ganz, weil wir uns erlauben, das Jahresrad, inklusive des Winters, wieder ganz zu leben.

SCHWELLENZEITEN SIND NATÜRLICHER BESTANDTEIL DES LEBENS

Das Jahresrad, in dem die Schwellenzeit dem Winter entspricht, zeigt uns einmal mehr, dass Schwellenzeiten ein natürlicher Bestandteil des Lebens sind. Der Winter ist die Zeit des Todes, der Schwellenzeit – etwas ist nicht mehr da und wir sind eingeladen und aufgerufen, in der Stille und im Nicht-Wissen zu verweilen. Aus diesem Winter heraus beginnt dann der nächste Zyklus von Werden und Vergehen, das Neue, das jetzt in unser Leben gebracht werden will.

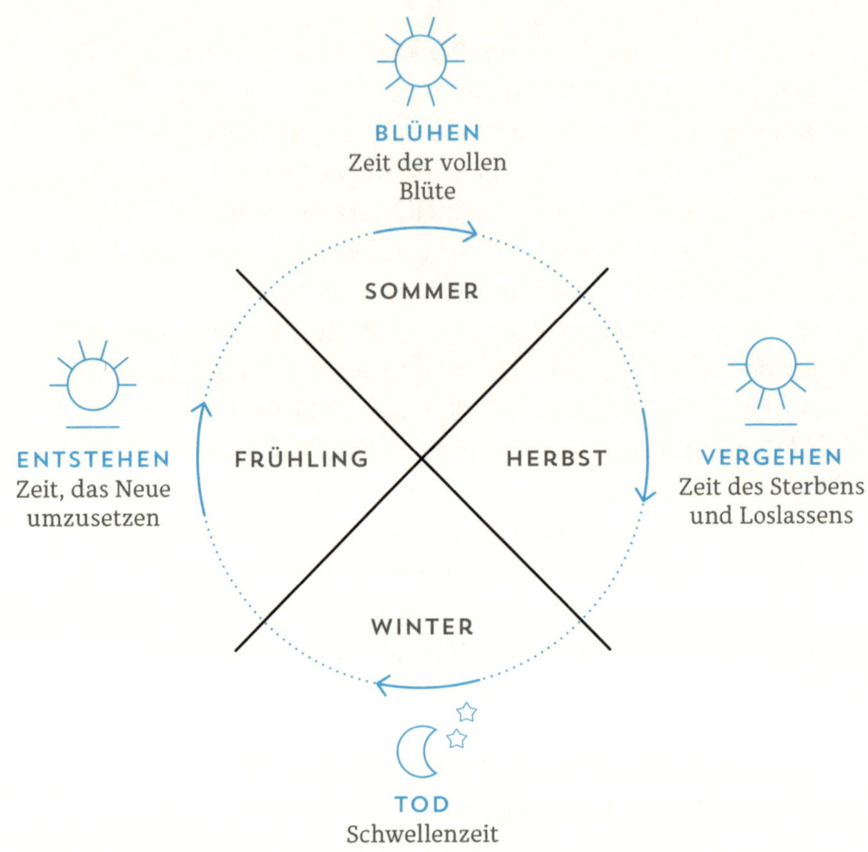

Grafik 3: Schwellenzeit (Winter) eingebunden in das Jahresrad

Wollen wir also den Ablauf einer Schwellenzeit verstehen, müssen wir uns den Ablauf des Winterviertels im Jahresrad genauer anschauen – das werden wir im nächsten Kapitel tun. Wesentlich für jetzt ist, zu sehen: Du hast nichts falsch gemacht, wenn du dich gerade in einer Schwellenzeit befindest. Sie gehören zum Leben dazu. Genauso wie die Zeiten, in denen Neues entsteht und gedeiht – der Frühling im Jahresrad –, alles gut ist – das Sommerviertel – oder etwas Vertrautes wegbricht und vergeht – der Herbst im Jahresrad. Schwellenzeiten beginnen mit dem Ende des Herbstes, in dem das Vertraute langsam oder schnell wegbricht, und enden mit dem Beginn des Frühlings, in dem das Neue, das wir im Winter wahrgenommen haben, langsam in unserem Leben umgesetzt wird.

Das Jahresrad zeigt zugleich, dass wir automatisch durch eine Schwellenzeit hindurchgetragen werden, wenn wir uns erlauben, mit dem Kreislauf mitzufließen: Vom Herbst über den Winter in den nächsten Frühling. Die Einzigen, die das Jahresrad – und damit das Weitergehen durch die Schwellenzeit – zum Erliegen bringen können, sind wir selbst. Zum Beispiel, indem wir in den Widerstand gehen, um zu versuchen, den natürlichen Verlauf der Dinge anzuhalten – weil wir nicht wahrhaben wollen, was geschehen ist, oder weil die Veränderung uns Angst macht. Wie du mit diesen Stolperstellen während einer Schwellenzeit umgehen kannst, liest du ab Seite 70. Das Jahresrad lässt uns erkennen, dass unser Leben eingebunden ist in ein größeres Ganzes. In den natürlichen Rhythmus des Lebens, an dem alles Lebendige teilhat.

> Alles Lebendige verläuft zyklisch: Es ist eingebunden in den Kreislauf aus Entstehen, Blühen, Vergehen und Tod. Diesen Kreislauf finden wir beim Atem, bei einer Beziehung, einer Idee, beim Sonnenverlauf und dem Lebensalter genauso wie beim Verlauf der Jahreszeiten. Die Schwellenzeit ist ein Teil dieses Kreislaufs, der sich im Jahresrad wiederfindet, sie entspricht hier dem Winter. Indem wir vertraut werden mit dem Jahresrad und dem Kreislauf des Lebens, erkennen wir, dass Schwellenzeiten ein natürlicher Bestandteil davon sind. Wir haben nichts falsch gemacht, wenn sie in unserem Leben auftauchen, sondern sie gehören dazu.

DIE VIER PHASEN EINER SCHWELLENZEIT

Der Ablauf von Schwellenzeiten folgt seinem eigenen Rhythmus. Dieser setzt sich aus vier Phasen zusammen, die wir in jeder Schwellenzeit durchlaufen. Kennst du diesen Rhythmus und die Charakteristika der einzelnen Phasen, wirst du vertraut mit ihnen und kannst dich sicherer durch deine Schwellenzeit hindurchbewegen. Die einzelnen Phasen einer Schwellenzeit können unterschiedlich lang sein – manche dauern Tage, Wochen, Monate oder sogar Jahre, andere wiederum nur wenige Stunden. Wir wissen vorher nicht, wie lange die jeweilige Phase dauern wird. Wir können nur hinterher sehen, dass wir sie abgeschlossen haben und uns jetzt in der nächsten Phase befinden. Gemeinsam ist den vier Phasen, dass sie alle zum Winterviertel des Jahresrades gehören. Während die Schwellenzeit bereits im Herbst mit dem Loslassen und Vergehen vorbereitet wird – wir die ersten Veränderungen bemerken und wahrnehmen, dass die Dinge sich gewandelt haben –, geht es jetzt ums Eingemachte: Mit dem Übergang vom Herbst in den Winter kommst du ganz in deiner Schwellenzeit an.

Jede Schwellenzeit lässt sich in diese vier Phasen unterteilen:

1. Das Vertraute ist nicht mehr da
2. Der tiefste Punkt
3. Dazwischenstehen
4. Das Neue zeigt sich langsam

In dieser Grafik siehst du die vier Phasen einer Schwellenzeit und wie sie eingebettet sind in das Jahresrad:

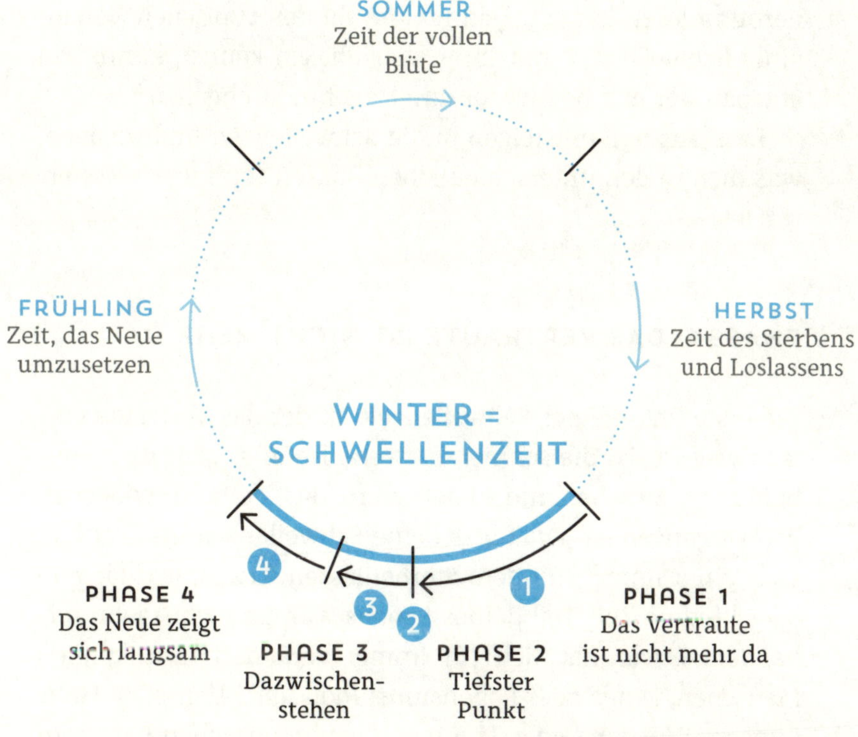

Grafik 4: Die vier Phasen einer Schwellenzeit

Wichtig ist mir noch zu sagen: Wenn du weitere Gefühle bei dir bemerkst, weitere Herausforderungen in den einzelnen Phasen deiner Schwellenzeit oder andere Charakteristika, die hier nicht beschrieben sind, heißt das nicht, dass diese nicht existieren. Ich beschreibe in diesem Buch die charakteristischsten und häufigsten Merkmale einer Schwellenzeit. Es geht mir nicht um Vollständigkeit, sondern vor allem darum, dass du ein Gefühl für Schwellenzeiten und die einzelnen Phasen darin bekommst. Und damit die verschiedenen Phasen einer Schwellenzeit und ihr Wesen im Gesamten erkennen, verstehen und lesen kannst. Denn wenn du den typischen Verlauf einer Schwellenzeit mit ihren vier Phasen kennst, kannst du entspannter und bewusster durch sie hindurchgehen.

Lass uns nun einsteigen in die Schwellenzeit und schauen, was dich in den unterschiedlichen Phasen typischerweise erwartet.

PHASE 1: DAS VERTRAUTE IST NICHT MEHR DA

Die erste Phase einer Schwellenzeit, in der das Vertraute einfach weg ist, ist die schmerzhafteste. Denn es geht ums Sterbenlassen, zu sehen und zu betrauern, dass etwas unwiderruflich vergangen ist. Egal, was deine Schwellenzeit initiiert hat: Es beginnt immer mit dem Sterbenlassen. Etwas, was längere oder kürzere Zeit Teil deines Lebens war, ist nicht mehr vorhanden. Etwas hat sich für immer verändert. Das können Menschen, Dinge oder Lebensumstände sein. Aber auch Hoffnungen, Wünsche oder Träume, die du aufgegeben hast oder aufgeben musstest.

Wir haben das Sterben oft nicht im Blick bei einem Jobwechsel, dem Beginn der Wechseljahre, einer Trennung, der Pensionierung, der Geburt eines Kindes, einem unerfüllten Kinderwunsch oder einem Umzug, um nur einige Beispiele zu nennen. Wir verbinden mit Sterben meist den Tod eines Menschen oder eines anderen Lebewesens. Und dennoch ist es ein Prozess des Sterbens, wenn etwas, das Teil unseres Lebens war, nicht mehr da ist. Etwas endet – bevor das Neue beginnt.

Das Sterben zulassen

In dem Moment, in dem du den Job wechselst, stirbt dein bekanntes Arbeitsumfeld für dich. Gewohnte und vertraute Routinen, Kollegen und Kolleginnen, die du magst, sind nicht länger Teil deines Alltags. Wenn du den Schritt selbst gewählt hast, fehlt dir vielleicht etwas, aber du siehst das Positive an der Veränderung. Wurde dir gekündigt, kann es gut sein, dass ein großer Teil deines Lebens, der dir Sicherheit und vielleicht sogar so etwas wie ein Zuhause gegeben hat – der in jedem Fall aber deinen Alltag und deine bisherige Lebenszeit sehr geprägt hat –, auf einmal nicht mehr da ist. Er ist gestorben.

Wenn du gerne Mutter geworden wärst, jedoch ohne eigene Kinder geblieben bist, ist auch das ein Sterben. Ein Abschied von deinem Kinderwunsch. Dies kann ein harter, schmerzhafter Abschied sein, weil ein ganzes Lebenskonzept, der Wunsch, wie sich das eigene Leben hatte entwickeln sollen, beerdigt werden muss. Es fordert ein Gehenlassen, Verabschieden und Trauern.

Auch wenn du umziehst oder umziehen musst, werden die Nachbarn nicht mehr dieselben sein, der Blick aus dem Fenster ein anderer, die Geräusche im Haus ungewohnt. Gerade dann, wenn du den Umzug nicht freiwillig gewählt hast und deine Wohnung oder dein Haus dein Zuhause und deine Wurzeln waren, ist auch dies ein großer Abschied und ein Akt des Sterbenlassens.

So wie bei Freunden von mir, die nach 30 Jahren aus ihrem Haus ausziehen mussten. Sie wohnten dort zur Miete und der Vermieter hatte das Haus an einen Bauträger verkauft. Dieser würde das Haus abreißen, den Garten plattmachen und auf das Grundstück einen großen Wohnblock stellen. Meine Freunde hatten dieses Haus wie ihr eigenes gepflegt. Hier hatte die

Frau zwei Hausgeburten erlebt. Hier waren die Kinder groß geworden. Im Wohnviertel kannten sie alle, der Ort, an dem sich alle Nachbarn regelmäßig zum Plausch trafen, war nicht weit. Jetzt, mit Mitte 60, sollten die beiden (die Kinder waren inzwischen ausgezogen) an einem neuen Ort heimisch werden. Keine leichte Aufgabe. Neben der Suche und der Frage, wohin sie ziehen sollten, war es vor allem der Abschiedsschmerz, der so stark wirkte. Was mir besonders in Erinnerung geblieben ist, ist die Art und Weise, wie sie diesen Abschied zelebriert haben: Als erstes haben sie alle Nachbarn informiert, dass sie ausziehen müssen. Es war ein großes Umarmen, Weinen und Betrauern. Außerdem haben sie vor allem das Herzstück ihres bisherigen Zuhauses, den Garten, in den Fokus genommen. Ein letztes Mal haben sie ganz bewusst die Kirschen vom großen Kirschbaum geerntet und sich in einem Ritual von diesem verabschiedet. Sie wussten, er würde im Zuge der Bauarbeiten gefällt werden. Die Rosen und den Holunder, die Kräuter, die sie über viele Jahrzehnte gesetzt, gepflegt und gehütet hatten, brachten sie, als sie wussten, wohin sie ziehen würden, an diesen neuen Ort. Sie pflanzten um, was möglich war, brachten einige Pflanzen zu Freunden. Es gab später ein großes Abschiedsfest und ein bewusstes Verabschieden von Haus und Garten. Von der Zeit, die sie hier als Familie und in diesem Wohnviertel mit ihren Nachbarn verbracht hatten. Es war ein Prozess des Sterbenlassens und Verabschiedens über ein halbes Jahr hinweg. Heute weiß ich, dass sie gut angekommen sind an ihrem neuen Wohnort, an dem sie eine neue Wohnung mit Garten und ein neues Zuhause gefunden haben. Es hat mir imponiert und mich beeindruckt, wie bewusst und zeremoniell sie diesen Abschied gefeiert haben und zu sehen, wie gut ihnen dadurch der Übergang, der Schritt ins Neue, gelungen ist.

Was es in dieser Zeit, in der das Vertraute nicht mehr da ist, vor allem braucht, ist Zeit und Raum für den Abschied. Für das Gehenlassen und das Trauern. Es verändert sich in dieser Zeit etwas grundlegend im eigenen Leben. Alles wird danach anders sein oder doch zumindest vieles. Vor allem wir selbst werden gewandelt aus diesem Prozess hervorgehen. Deshalb ist es so wichtig, dass wir dem Sterbenlassen an diesem Punkt Zeit und Raum geben.

In Kapitel 2 *Schwellenzeiten aktiv gestalten* (siehe S. 95) gebe ich dir Werkzeuge an die Hand, mit deren Hilfe du in Schwellenzeiten dem Sterbenlassen Raum geben kannst.

Der Trauer Raum geben

Jedes Sterben(lassen) geht mit einem Trauerprozess einher. Denn etwas, das wir lieben, das wir schätzen und gerne in unserem Leben hatten, ist nicht mehr da. Die Trauer zeugt immer auch von der Liebe, die wir für Dinge, Wünsche, Träume, Lebensumstände, Orte oder Menschen empfinden. Wären sie uns nicht wichtig, würden wir nicht trauern, wenn sie vergangen sind. So können wir durch die Trauer auch unsere Liebe spüren und wissen: Hier geht es um Wesentliches. Um etwas, das uns von Herzen wichtig ist.

Ich erinnere mich an ein Ritual im Rahmen einer Ausbildung, die ich geleitet habe. Eine Teilnehmerin hat sich dort bewusst auf das Sterben einer Vorstellung eingelassen. Sie war in ihrem Leben an einem Punkt angekommen, an dem ihr die Glaubenssätze, die ihr seit Jahrzehnten durch den Kopf gingen, einfach nur noch im Weg standen: *Das kannst du nicht. Du bist nicht gut genug dafür. Das schaffst du niemals.* Sie entschied sich, diese Sätze endlich zu verabschieden und gehenzulassen. Dafür entwickelte sie im Rahmen der Ausbildung ein Ritual, das sie am Ende der gemeinsamen Zeit zusammen mit den anderen Teilnehmerinnen durchführte. Dabei ging sie rituell ganz bewusst durch die vier Phasen einer Schwellenzeit. Obwohl sie dabei war, etwas zu verabschieden, was ihr längst nicht mehr guttat und diese Veränderung selbst gewählt hatte, weinte sie in der ersten Phase. Ihr Schmerz war hörbar und sichtbar. Das veränderte sich, während sie die drei folgenden Phasen rituell durchlief. Es war eindrücklich diesen Wandel mitzuerleben – und zu sehen, dass die Zeit des Schmerzes, des Trauerns und des Abschieds zu jeder Schwellenzeit dazugehört. Und dass sie an deren Anfang steht. Wichtig ist zu wissen, dass ein Sterbe- und Trauerprozess Zeit und Raum braucht. Unabhängig davon, ob wir den Wandel selbst initiiert haben oder er von außen ausgelöst wurde.

Im Widerstand stecken

Und dann ist da noch die größte Herausforderung in dieser ersten Phase: der Widerstand. Der Widerstand kann verhindern, dass wir in den Trauerprozess gehen. Es schützt uns sozusagen erst einmal vor der Trauer. Denn sobald wir den Widerstand aufgeben, fühlen wir. Und wenn wir fühlen, kommt die Trauer. Es ist jedoch notwendig, das Fühlen und Trauern zuzulassen, damit wir weitergehen können durch unsere Schwellenzeit.

Solange wir im Widerstand feststecken, halten wir das Jahresrad künstlich an – es dreht sich nicht weiter. Das kann sich erst einmal gut anfühlen: Es kann sehr verlockend sein, so zu tun, als könnte ich im Alten verweilen, an ihm festhalten, als wäre es noch da, obwohl es längst weg ist. In diesem Moment sträube ich mich gegen den Wandel. Ich will nicht, dass es vorwärtsgeht. Ich stelle allerdings auch irgendwann fest, dass es zurück ebenfalls nicht mehr geht. Sondern dass ich feststecke.

Wir müssen uns auf den Rhythmus des Wandels einlassen, um weiterzukommen – um von der Phase des Sterbenlassens und Trauerns zum tiefsten Punkt zu kommen und weiter zum Dazwischenstehen, nach dem sich das Neue zeigen kann. Um eine Schwellenzeit wirklich zu durchleben.

Es ist normal, im Widerstand zu stecken. Ich glaube die wenigsten von uns begrüßen einen ungewollten Anlass für eine Schwellenzeit mit Jubel. Wichtig ist jedoch zu erkennen, dass es nicht weitergeht, solange wir im Widerstand stecken – weder vor, noch zurück. Bei den meisten Menschen, die eine Schwellenzeit durchlaufen, kommt irgendwann der Punkt, an dem sie den Widerstand aufgeben. Freiwillig, aus sich heraus, oder weil das Leben sie dazu zwingt, weiterzugehen und den nächsten Schritt Richtung Phase zwei der Schwellenzeit, dem tiefsten Punkt, zu setzen.

Das, was in dieser ersten Phase einer Schwellenzeit häufig passiert, ist vergleichbar dem, was wir im Jahresverlauf während der Novemberstürme erleben: Auch wenn der Wandel in der Natur sich über den ganzen Herbst schon angekündigt hat – die Blätter haben sich verfärbt und sind größtenteils abgefallen, es ist kälter geworden, nachts gab es vielleicht schon den ersten Frost –, so wird doch mit den ersten Winterstürmen der letzte, radikale Schnitt vollzogen. Ob wir wollen oder nicht: Jetzt werden sinnbildlich die letzten Blätter (das letzte Vertraute, Bekannte, Gewohnte) hinweggefegt und wir stehen nackt und roh da. Es braucht dieses Wegnehmen des Vertrauten, damit wir am tiefsten Punkt ankommen können. Es ist wichtig, dass wir nichts mehr in den Händen halten, wenn wir dort ankommen.

Unser Festhaltenwollen ist wie das letzte Aufbäumen: Wir wollen noch einmal mit aller Kraft festhalten, wir wollen nicht, dass das, was wir so sehr lieben, nicht mehr da ist. Aber wir können das Alte nicht zurückholen. Es ist uns längst entglitten. Es ist wie ein Kampf um das, was schon lange nicht mehr da ist. Erlauben wir das Sterbenlassen und lassen wir die Trauer zu, so erfahren wir, wie wir weitergetragen werden und am tiefsten Punkt und damit in Phase 2 einer Schwellenzeit ankommen.

Phase 1
Die erste Phase ist eine Zeit des Sterbenlassens und des Trauerns: Zu erkennen, dass es keinen Weg zurück gibt. Das Vertraute ist längst nicht mehr da. Es geht darum, dich ganz darauf einzulassen, um somit am tiefsten Punkt, der die nächste Station auf der Reise markiert, anzukommen.

Darum geht es in dieser Phase: Das Sterben zuzulassen.

Das ist am wichtigsten in dieser Phase: Dem Sterben und der Trauer Raum und Zeit zu geben.

Das tut jetzt gut: Altes zu verabschieden, sich dem Sterbenlassen und der Trauer hinzugeben.

Das sind Stolperstellen: Im Widerstand stecken zu bleiben – das Vertraute nicht gehenlassen, es zurückhaben oder die Veränderung anhalten zu wollen.

Dazu fordert diese Phase auf: Vertrautes, Gewohntes, Liebgewonnenes und Erhofftes bewusst zu verabschieden.

Das wird möglich durch diese Phase: Das Vertraute wirklich zu verabschieden, um so am tiefsten Punkt der Schwellenzeit anzukommen.

PHASE 2: DER TIEFSTE PUNKT

Der tiefste Punkt in einer Schwellenzeit ist mehr ein Moment als eine Phase. Dennoch kommen wir nicht an ihm vorbei. Er ist der entscheidende Augenblick. Das Alte, Bekannte ist endgültig abgeschlossen, genau in diesem Augenblick. Während du vorher noch mit dem Gehenlassen und Trauern beschäftigt warst, kommt hier der Moment, in dem das Bisherige wirklich gestorben ist. Es ist nicht mehr der Weg hin zum Tod, sondern der Tod selbst. Für viele von uns fühlt sich das an wie sterben, auch wenn wir natürlich nicht selber sterben (es sei denn, es handelt sich um unseren eigenen Tod). Zuvor hast du das Alte verabschiedet, das Sterben zugelassen und getrauert, und du hast erkannt, dass die Dinge nicht mehr so sind und nicht mehr so sein werden, wie sie vorher waren. Nun bist du an dem Punkt, an dem du alles Kämpfen und Hoffen, alles Versuchen und im Widerstandsein loslässt und mit dem bist, was ist.

Das heißt nicht, dass du toll finden musst, wie es ist und was ist. Das heißt auch nicht, dass du es gutheißen oder schätzen musst. Es heißt nur, dass du anerkennst, was ist. Vielleicht einfach, weil du keine Kraft mehr hast, dagegen anzukämpfen. Oder weil es die Erkenntnis gab, die dir tief in Mark und Knochen gefahren ist, also körperlich für dich greifbar wurde, dass das, was war, wirklich nicht mehr da ist.

Den (symbolischen) Tod zulassen

Ich habe einen solchen Moment erlebt, als ich nach einer Trennung an meinen Kleiderschrank gelehnt dasaß und dachte: Ich glaube, ich springe vom Balkon. Der Schmerz über das Ende der Beziehung war so groß, dass ich mir nicht vorstellen konnte, ihn weiter auszuhalten oder gar durch ihn hindurchzugehen.

Dieser Gedanke war der Moment, in dem ich aufwachte. Ich war am tiefsten Punkt angekommen – und ich spürte es. Etwas in mir veränderte sich. Ich versuchte nicht länger, gegen den Schmerz anzukämpfen oder irgendetwas mit ihm zu machen. Ich ließ einfach los und ergab mich dem Schmerz. Ich fühlte ihn so heftig wie nie zuvor – und zugleich war er begleitet von einem tiefen inneren Frieden.

Es war der Moment des Todes, in dem es sich für mich anfühlte, als würde ich wirklich sterben. Es ist der Punkt in einer Schwellenzeit, an dem das alte Bild, das wir von uns selbst und unserem Leben haben, endgültig stirbt. Wir gehen gewandelt aus diesem Moment hervor. Wir sind nicht mehr dieselben wie zuvor, etwas in uns hat sich grundlegend verändert. Vielleicht kennst du die Redewendung *Wie Phönix aus der Asche.* Es ist der Moment, in dem das Alte gänzlich zu Asche zerfallen ist. Das Sterben ist vorbei. Der Phönix, der aus der Asche aufsteigen wird, ist noch nicht da. Aber wenn du weißt, dass es diesen tiefsten Punkt in einer Schwellenzeit gibt, wirst du dich leichter auf ihn einlassen können. Weil du weißt, dass es diesen Tod braucht, damit das Alte gänzlich gehen kann, um Platz zu bereiten für das Neue, das kommen will.

Tod und Geburt begegnen sich

An diesem tiefsten Punkt verbinden sich Tod und Geburt. Im Jahresrad gibt es die Zeit um den 21. Dezember – den Punkt im Jahr, an dem die Nacht am längsten und der Tag am kürzesten ist. An diesem Tag erlebst du die größte Dunkelheit des Jahres – und gleichzeitig kommt durch diesen Tag das Licht zurück, es wird danach wieder heller. Wir können das Licht, das nach und durch diesen Tag zurückkehrt, nicht direkt wahrnehmen. Es braucht einige Wochen, ehe wir wirklich sehen können, dass die Tage wieder länger werden und es wieder heller wird. Doch das Wissen, dass es so ist, kann uns das Vertrauen geben, uns auf den tiefsten Punkt, die tiefste Dunkelheit und die Zeit danach, die Wiederkehr des Lichtes, einzulassen.

Oft haben wir zu Beginn einer Schwellenzeit das Gefühl, dass es nur immer schlimmer werden kann. Wir befürchten, dass es niemals wieder besser wird, wir endlos fallen. Der tiefste Punkt und das Jahresrad lehren uns das Gegenteil. Sie besagen: Ja, es ist schmerzhaft, und ja, etwas stirbt an diesem Punkt. Und doch fällst du nicht immer tiefer, es wird nicht immer noch schrecklicher – sondern indem du weitergehst und den Tod zulässt, kann der Wandel geschehen. Und nur dadurch.

Der tiefste Punkt in einer Schwellenzeit ist Tief- und Wendepunkt zugleich. So, wie das Licht im Jahresverlauf durch den tiefsten Punkt wiederkehrt und ein neuer Zyklus möglich wird, so gebärt dich der tiefste Punkt während einer Schwellenzeit in das Neue hinein. Er verbindet dein altes Leben mit dem neuen Leben, von dem du noch nicht weißt, wie es aussehen wird. Er ist sozusagen die Schwelle selbst. Der Punkt, an dem Tod und Geburt einander begegnen. Dein altes Leben ist gestorben, dein neues wird möglich. Es ist etwas zutiefst Mystisches, was hier passiert. Etwas, das wir mit dem Verstand nicht greifen können. Es geschieht – ohne unser Zutun. Für diesen Geburts- und Sterbeprozess braucht es jedoch die Hingabe. So wie im realen Leben bei Geburt und Sterben auch. Wir können beides nicht *machen.* Wir können uns nur auf den Prozess einlassen und ihn geschehen lassen. Mit all dem Schmerz, all der Angst, der Fassungslosigkeit, der Sehnsucht, der Trauer, der Leere, und was sonst an Gefühlen da ist. Ja zu sagen zu dem, was ist und geschieht. Zu Tod und Geburt, die hier am tiefsten Punkt einer Schwellenzeit aufeinandertreffen.

In dem Moment erkenne ich wirklich an, dass ich nichts ändern kann. Ich akzeptiere das Leben, wie es ist, und gebe mich ihm hin. Ich halte nichts mehr in Händen, versuche nicht länger festzuhalten. Ich will nichts mehr verändern und erkenne an, dass ich nichts kontrollieren kann. Es ist ein Akt der Demut und der Hingabe an das Leben. Etwas geschieht durch uns, ohne dass wir aktiv etwas dazu beitragen.

Was es braucht, ist unser Einlassen auf diesen tiefsten Punkt. Wir müssen nicht wissen, wie wir gut und heil durch ihn hindurchkommen. Es reicht, unser Einverständnis zu geben, ihm zu begegnen. Alles andere geschieht von selbst. Wie bei einer Geburt. Wie bei einem Tod.

Ja sagen zu dem, was ist

Was an diesem tiefsten Punkt passiert, ist, dass wir Ja sagen zu dem, was ist. Ja zu sagen heißt, anzuerkennen. Zu erkennen, dass die Dinge so sind, wie sie sind. Es heißt nicht, es unbedingt gutzuheißen, es im Leben haben zu wollen oder zu favorisieren. Es bedeutet lediglich, die Augen nicht mehr zu verschließen vor dem, was ist – ob wir es wollen oder nicht. Dadurch öffnen wir unsere Hände und halten nicht länger fest. Wir geben ab und auf. Wir geben uns dem tiefsten Punkt (der Schwellenzeit) hin. Das fühlt sich für viele nicht unbedingt angenehm an. Aber es kann eine große Erleichterung mit sich bringen. Denn du kämpfst nicht länger gegen die Dinge an, wie sie sind. Du bist mit dem, was ist.

Am tiefsten Punkt angekommen zu sein, kann immer noch unglaublich schmerzhaft sein. Vielleicht trifft dich der Schmerz jetzt nochmals oder erstmals mit voller Wucht – so wie mich nach der Trennung damals. Aber es wird ein anderer Schmerz sein. Getragen vom Leben und von der Hingabe ans Leben.

In Frieden kommen

Ich habe häufig gefühlt, dass in dem Moment, in dem ich nackt und roh, mit offenen Händen dastehe, eine Kraft da ist, die mich trägt. Das Leben selbst, Gott, der Fluss des Lebens, das Universum – wie immer du es nennst. Es ist ein Moment der Gnade, in dem etwas Größeres spürbar wird, weil ich selbst aufgebe. Meist nicht freiwillig, sondern weil das Festhalten zu anstrengend oder der Schmerz zu groß geworden sind. Doch was ich dann spüre, wenn ich mich hingebe und das Geschehen abgebe, ist ein innerer Frieden, der vorher nicht da war. Es ist ein Frieden, der dadurch entsteht, dass ich mit dem sein kann und bin, was ist. Kein Fliehen, kein Kämpfen, kein Wollen mehr. Nur noch ich und der Schmerz, die Stille und der Frieden. Vielleicht hast du das auch schon einmal erlebt, dass in dem Moment, in dem es so schlimm wurde, dass du es nicht mehr halten konntest, plötzlich ein tiefer Frieden in dir war. Dass du dich auf einmal getragen fühltest, obwohl äußerlich betrachtet alles noch so war wie einen Moment zuvor. In einer Schwellenzeit geht es zumeist nicht tatsächlich um unseren physischen Tod. Nicht wir sind es, die sterben. Sondern etwas stirbt. Gleichwohl kann es Situationen geben, in denen wir mit unserem Sterben konfrontiert werden. Vielleicht die größte Schwellenzeit überhaupt.

ERFAHRUNGSBERICHT

Frieden mit dem eigenen Tod schließen

Bei Martina war Krebs diagnostiziert worden, der schon weit gestreut hatte. Man gab ihr noch wenige Monate zu leben. Sie tat alles, um die Krankheit zu überleben. Sie kämpfte, nahm sämtliche Therapien in Anspruch, schließlich wollte sie ihre zwei Kinder, sechs und neun Jahre alt, weiter aufwachsen sehen, ihnen Mutter sein, sie nicht mutterlos zurücklassen. Allerdings war der Krebs schon zu weit fortgeschritten, die Therapien griffen nicht, sie wurde immer schwächer. Als für sie klar war, dass es kein Zurück in die Gesundheit geben wird, wünschte sie sich, noch einmal mit der ganzen Familie und den für sie wichtigen Freunden ans Meer zu fahren und einen Tag zusammen zu verbringen. Als sie dort, am Strand, gut geschützt vor Wind und Wetter, im Kreise ihrer liebsten Menschen saß und sah, wie ihre Kinder von ihren Geschwistern und ihrem Mann liebevoll umsorgt und gehalten wurden, wusste sie, dass sie sich keine Sorgen machen brauchte. Ihre Kinder würden gut aufgehoben sein, auch wenn sie nicht mehr da war. Natürlich würden sie sie als Mutter vermissen, doch es wäre gut für sie gesorgt. Für Martina war das der Wendepunkt und gab ihr die Stärke und den inneren Frieden, um wenige Tage später zuhause friedlich zu sterben.

Es ist ein Seinlassen und dadurch Loslassen, das an diesem tiefsten Punkt einer Schwellenzeit geschieht. Du erlaubst deinem bisherigen Leben zu sterben und kommst auf diese Weise im Raum dazwischen an. Zwischen dem, was nicht mehr ist, und dem, was noch nicht ist. In Phase drei deiner Schwellenzeit.

Phase 2
Am tiefsten Punkt begegnen sich Tod und Geburt: Hier endet dein altes Leben und hier beginnt dein neues Leben. Die Angst vor dem tiefsten Punkt – in der Annahme, dass wir an diesem Punkt sterben oder dass es immer weiter abwärts geht mit unserem Leben – hält uns oft davon ab, ihn wirklich zu berühren. Indem wir uns auf ihn einlassen und erleben, dass durch ihn eine große Wende und Wandlung geschieht und das Leben weitergeht, kommt etwas in Frieden in uns. Wir nehmen an und akzeptieren, dass das Leben so ist, wie es gerade ist.

Darum geht es in dieser Phase: Den Tod anzuerkennen – zu erleben, wie sich am tiefsten Punkt der Tod und das neue Leben verbinden.

Das ist am wichtigsten in dieser Phase: Ja zu sagen zu dem, was ist.

Das tut jetzt gut: Sich einzulassen auf das, was ist.

Das sind Stolperstellen: Die Angst vor dem tiefsten Punkt.

Dazu fordert diese Phase auf: Zu erkennen, dass der tiefste Punkt Tief- und Wendepunkt zugleich ist: Durch ihn wird das alte, bekannte Leben abgeschlossen und durch ihn beginnt das neue, noch unbekannte Leben.

Das wird möglich durch diese Phase: Abschluss des alten Lebens. Beginn des neuen Lebens. In Frieden zu kommen mit dem, was ist.

PHASE 3: DAZWISCHENSTEHEN

Wenn wir den tiefsten Punkt durchschritten haben, wünschen wir uns meist nichts sehnlicher, als dass sich alles zum Guten wendet. Wir wollen loslegen, ankommen im Neuen, uns wiederfinden im Alltag und endlich wieder Boden unter den Füßen spüren. Doch so schnell geht das nicht. Auch das lehrt uns das Jahresrad. Auf den tiefsten Punkt folgt zunächst eine Zeit des Dazwischenstehens. Wir wissen noch nicht, in welche Richtung wir gehen sollen. Was will ich eigentlich? Was ist mir wichtig? Wohin soll sich mein Leben weiterentwickeln? Antworten auf diese nun drängenden Fragen erhalten wir genau in dieser Zeit des Dazwischenstehens, die uns in den neuen Lebensraum hineinführt. Wir bekommen sie jedoch nicht von außen, sondern aus unserem Inneren. Damit sind diese Antworten wirklich verbunden mit uns und entsprechen dem, was jetzt in unserem Leben sein und kommen will.

Im Nicht-Wissen stehen

Die größte Herausforderung – und Chance – dieser Zeit des Dazwischenstehens ist es wohl, im Nicht-Wissen zu stehen. Nicht-Wissen meint, noch keine Antworten zu haben, noch nicht zu wissen. Und sich zu erlauben, dass es so ist. Erinnerst du dich an Rainer Maria Rilkes Rat an den jungen Dichter weiter vorne? Er riet ihm, die Fragen selbst lieb zu haben, wie verschlossene Stuben oder wie Bücher, die in einer sehr fremden Sprache geschrieben sind. Das ist genau das, worum es geht in dieser Phase: mit den Fragen zu sein.

Wir wissen die Antworten noch nicht. Wir können sie auch noch gar nicht kennen, weil das Neue in uns noch nicht soweit ist. Vergleichbar den Samen, die sich im Winter unter der Erde zu regen beginnen, die Pflanzen aber an der Oberfläche noch lange nicht sichtbar sind. Nimmst du dir Zeit, in dieser Phase nach innen zu lauschen, werden die Antworten sich nach und nach zeigen. Wie der Same, der mit Zeit, Ruhe, Wärme und Wasser langsam keimt und zur Pflanze wird. Schenke den Antworten, die in dir entstehen, ebenfalls Zeit und Raum, damit sie sich zeigen und entwickeln können.

Im Jahresrad entspricht die Zeit des Dazwischenstehens der Zeit der zwölf Rauhnächte. Von wann bis wann sie dauern, ist nicht genau festgelegt. Viele sehen als erste Rauhnacht die Nacht von 25. auf den 26. Dezember an, andere die vom 21. auf den 22. Dezember. Modellhaft übertragen auf Schwellenzeiten ist es sinnvoll, sie mit der Nacht vom 21. auf den 22. Dezember beginnen zu lassen. Denn so schließt an den tiefsten Punkt – im Jahresrad die Wintersonnenwende am 21. Dezember – direkt die Zeit der Rauhnächte und damit die Zeit des Dazwischenstehens an. In unserem Sprachgebrauch ist diese Zeit verankert als *Zeit zwischen den Jahren.* Ein Ausdruck, der eigentlich keinen Sinn ergibt, denn es gibt ja keine Zeit zwischen den Jahren – das alte Jahr endet, das neue fängt an. Und doch wird in diesem Ausdruck etwas spürbar, das wir auch in der Phase des Dazwischenstehens erleben: Dass es da, zwischen dem Alten und dem Neuen, einen Zeitraum gibt. Und dass dieser wie aus der Zeit gefallen scheint. In den Rauhnächten war es früher üblich – und viele nehmen den Brauch wieder auf –, alles alltägliche Tun niederzulegen und nach innen zu lauschen. Es war eine Zeit des Orakelns: Was würde kommen im neuen Jahr? Welche Zeichen zeigten sich? Es wurde gelauscht, nach innen geschaut und weißgesagt. Man hat versucht vorherzusehen, wie das neue Jahr werden würde.

Dieses Bild können wir übertragen auf die Phase des Nicht-Wissens und Dazwischenstehens. Du musst hier aber weniger orakeln, sondern wirst vielmehr klare Antworten und Impulse bekommen, indem du dir Zeit nimmst, in dich hineinzuhorchen (siehe S. 154).

Sicher ist: In dieser Zeit des Nicht-Wissens passiert viel – auch wenn es von außen betrachtet nicht so aussieht. In der Zeit des Nicht-Wissens legen wir den Samen und Grundstein für das, was kommen will. Indem wir hier Raum schaffen, erhalten wir nach und nach Klarheit und Antworten. Es ist eine Zeit der Vorbereitung, des inneren Reifens und Ahnens. Vielleicht erscheint dir dein Inneres zunächst wie ein leerer Raum. Mit der Zeit entsteht vielleicht ein Gefühl oder eine Ahnung davon, wie das Neue aussehen könnte. Noch ist es vage, ohne konkrete Form – du kannst es noch nicht greifen oder gar umsetzen. Je mehr du dem Nicht-Wissen, der Stille, dem Lauschen, Träumen und Sein Raum gibst, umso konkreter wird es mit der Zeit. Bis du schließlich ganz genau weißt, was du umsetzen und wie du deinen Weg fortsetzen willst. Der vermeintliche Stillstand im Außen bereitet in uns vor, was wir anschließend in die Welt bringen wollen.

Erkennen, was wirklich wichtig ist

Da wir in dieser Phase keine Antworten im Außen finden, richtet sich unser Fokus nach innen. Auch Halt finden wir keinen im Außen, sodass zudem die Frage in uns entstehen kann: Was trägt, wenn nichts mehr trägt? Die Zeit des Dazwischenstehens ist damit ein großartiger Raum und eine Möglichkeit, dir deiner eigenen Werte und Prioritäten im Leben bewusst zu werden. Sie vielleicht überhaupt erstmals oder neu zu entdecken. Denn es gibt nichts Überflüssiges in dieser Zeit – alles, was nicht zu dir gehört oder nicht mehr passt (oder was zwangsweise von dir genommen wurde, ob du wolltest oder nicht), ist abgefallen in der Phase des Sterbenlassens, die am tiefsten Punkt ihr Ende fand. Jetzt stehst du roh und nackt da, in deiner Essenz. Vielleicht entdeckst du nun Werte und Dinge wieder, die du in den vergangenen Monaten oder Jahren vernachlässigt oder aus den Augen verloren hast. Vielleicht entsteht ein ganz neuer Weg vor deinem inneren Auge. Vielleicht kommst du lange vergessenen Lebensträumen auf die Spur. Was immer es ist: Es wird sich mit der Zeit ganz von alleine zeigen.

Gewiss ist, dass die Zeit des Dazwischenstehens der Anfang deines Herzensweges sein kann – oder dich auf ihn zurückführt. Eines Weges, der dir wirklich entspricht und dem du auf Grund deiner Werte und Wichtigkeiten im Leben folgst. So auf dich selbst zurückgeworfen, kann dir bewusstwerden, was wirklich für dich zählt. Eine heilige, besondere, essenzielle Zeit.

Der inneren Stimme lauschen

Diese heilige Zeit ermöglicht es dir, wieder auf die eigene, innere Stimme zu hören. Impulse wahrzunehmen, die sich dir zeigen. Denn jenseits vom Denken und den Gedanken und Sorgen des Alltags, gibt es eine feine, ruhige, klare Stimme in dir, die dir den Weg weist. Die dir Antworten auf deine Fragen gibt und nächste Schritte zeigt. Die dich wissen lässt, was jetzt ansteht. Indem wir diese Stimme in uns wieder wahrnehmen lernen, bekommen wir einen Kompass in die Hand, mit dem wir zuverlässig durch unser Leben navigieren können. Dadurch werden wir unabhängiger von der Meinung anderer in unserer Lebensgestaltung. Wir sitzen weniger Lösungen und Meinungen auf, die gar nicht zu uns passen. Verbunden mit unserem Herzen und mit uns selbst wird es leichter, klar zu spüren, wo wir Ja und wo wir Nein sagen wollen. Was wir in unser Leben lassen und wie wir leben wollen. Und wie nicht.

Wir entwickeln auf diese Weise Vertrauen in unsere eigene, innere Führung. Das ist hilfreich für das ganze weitere Leben – egal, was uns noch erwartet. Denn es kommt Ruhe in das eigene System. Wann immer wir dazwischenstehen, wann immer sich keine Antwort im Außen zeigt, wissen wir, dass wir nach innen lauschen können und hier Führung, Antworten und klare Impulse finden.

ERFAHRUNGSBERICHT

Der Stille Raum geben

Nach meinem Studium der Geographie und meiner parallelen Ausbildung zur Journalistin, absolvierte ich ein mehrmonatiges Praktikum in einem Bundesforschungsinstitut. Dort hoffte ich, später als Geographin einen Job zu bekommen. Die Arbeit als freiberufliche Journalistin war mir einfach zu unsicher, ich wollte in jedem Fall festangestellt sein. Doch schon nach einer Woche Praktikum war ich desillusioniert. Das war es nicht. Doch was war es dann? Ich wusste es nicht. Es war frustrierend. Je mehr ich im Außen suchte, umso weniger fand ich. Ein halbes Jahr nach meiner Erfahrung in dem Bundesforschungsinstitut blieb ich am Ende eines Seminars noch ein paar Tage in einem Meditations- und Retreatzentrum auf einem autofreien Berg in der Schweiz. Ich hatte zwar immer mehr gespürt, was ich nicht wollte in meinem Leben, aber ich hatte noch keine Ahnung, wo mein Weg weitergehen sollte. Was ich wirklich machen wollen würde. Die Tage auf dem Berg waren getaucht in eine unglaubliche Stille. Vor mir die Aussicht auf Berge und See, in der Ferne das Läuten der Kuhglocken und das leise Rauschen des Baches in der Nähe. Sonst nichts. In dieser Stille nahm ich eines Nachmittags Stift und Papier und schrieb – ohne nachzudenken – auf, was ich machen würde: Ich würde mich selbständig machen, meine Website würde handgeschrieben.de heißen. Ich würde kreative Schreibwerkstätten leiten, Bücher schreiben, Postkarten herausgeben und Menschen mit Schreibcoachings bei ihren Buchprojekten begleiten. Ich staunte. All das war vorher nicht in meinem Kopf gewesen. Doch es fühlte sich richtig an. Auch wenn es jenseits all meiner bisherigen Lebenspläne war. Es hatte diesen Bruch im Alltag gebraucht, dieses Eintauchen in die Stille – in mir und um mich herum –, um von dort die Antworten mitzubringen, die zu diesem Zeitpunkt für mich stimmten.

Phase 3

In der Phase des Dazwischenstehens lernen wir, im Nicht-Wissen zu stehen. Noch keine Idee zu haben, wie es weitergeht, und die Antworten aus uns selbst heraus zu gebären. Diese Phase lehrt uns, (wieder) nach innen zu lauschen und unsere eigene, innere Stimme als Wegweiserin für unser Leben zu erfahren.

Darum geht es in dieser Phase: Dem Nicht-Wissen zu vertrauen.

Das ist am wichtigsten in dieser Phase: Im Nicht-Wissen zu stehen.

Das tut jetzt gut: Nach innen zu lauschen.

Das sind Stolperstellen: Im Außen nach Antworten zu suchen.

Dazu fordert diese Phase auf: Die Antworten nicht im Außen, sondern im Innen zu suchen. Zu erleben, erst einmal keine Antworten zu haben.

Das wird möglich durch diese Phase: Antworten und eine neue Ausrichtung beziehungsweise nächste Schritte für das eigene Leben zu finden, die wirklich mit einem selbst in Einklang stehen.

PHASE 4: DAS NEUE ZEIGT SICH LANGSAM

In unserer Schwellenzeit haben wir sterbenlassen, was sterben wollte, den tiefsten Punkt durchlebt und eine Weile dazwischengestanden und nach innen gelauscht. Das Nicht-Wissen kultiviert und uns darin geübt, in den Fragen zu leben. Erste Ahnungen haben sich während des Dazwischenstehens gezeigt, Möglichkeiten und Impulse für das Neue. Jetzt sind wir in der letzten Phase einer Schwellenzeit angekommen. Das Neue wird langsam konkreter, greifbarer. Wir können es zwar noch nicht direkt umsetzen, es jedoch immer mehr fassen. In dieser letzten Phase deiner Schwellenzeit geht es darum, langsam wieder aufzutauchen. Deinen Blick wieder von innen nach außen zu richten. Du musst nicht direkt lospreschen, aber auch nicht länger verharren im Nicht-Tun, wenn du merkst, dass der nächste Schritt ansteht. Es geht um Balance. Diese Phase, in der sich das Neue langsam zeigt, ist ein bisschen so, als würdest du dich nach einem Winterschlaf erst einmal räkeln und strecken. Du reibst dir die Augen, gähnst und bewegst deine Gliedmaßen ausgiebig, bevor du dich langsam aufrichtest. Du musst nicht sofort aufspringen, du hast Zeit, dich wirklich auf das Neue einzulassen und dich an es zu gewöhnen.

Geduld haben

Diese Phase entspricht im Jahresrad dem Januar: Im Januar spüren wir die Aufbruchsstimmung. Das neue Jahr hat begonnen, der tiefste Punkt mit der längsten Nacht ist durchschritten, wir wollen loslegen. Wir sind vorfreudig, aufgeregt, kribbelig. Aber wir müssen uns noch gedulden. Draußen ist es weiterhin kalt und lange dunkel. Es gibt Frost, vielleicht liegt Schnee. Es ist der Monat, der die meiste Geduld von uns fordert: Diese besondere Magie der Weihnachtszeit, der Zeit zwischen den Jahren und von Neujahr ist vorüber. Das Geheimnisvolle, Mystische ist vorbei und wir können noch nichts tun. Der nächste Frühling, blühende Wiesen, Farben und die wärmende Sonne fühlen sich noch weit weg an.

So ist es auch in der Schwellenzeit: Die Zeit des Sterbens und des tiefsten Punktes ist vorüber. Ebenfalls die Zeit des inneren Lauschens. Jetzt sind wir gewillt und fähig, wieder nach außen zu gehen. Zuvor steht allerdings noch eine Zeit der Vorbereitung an. Die Zeit, die du brauchst, um die Ideen, Ahnungen und Vorstellungen, die sich in deinem Inneren während der Phase des Dazwischenstehens gezeigt haben, zu prüfen. Du gibst ihnen Raum, sich zu entwickeln. Du schaust, welche dieser Ideen und Möglichkeiten du weiterverfolgen magst: Gibt es eine, die schon ganz konkret ist? Wo zieht es dich am meisten hin? Womit geht dein Herz in Resonanz? Du prüfst, ordnest und sortierst aus. Indem du deine Ideen und Möglichkeiten überprüfst und sortierst, bekommst du Klarheit. Das Neue wird immer greifbarer und nimmt mehr Form an. Auch hier geschieht das Sortieren nicht mit dem Kopf, sondern vor allem aus einem inneren Fühlen heraus: Was fühlt sich jetzt stimmig an? Was ist jetzt dran? In dieser Zeit wirst du wieder vertrauter mit der äußeren Welt. Ganz langsam richtest du deine Fühler wieder nach außen nach dieser intensiven Zeit der Innenschau. Und noch etwas hat sich verändert: Während wir am tiefsten Punkt noch gezweifelt haben, ob es weitergeht, wissen wir jetzt, dass es weitergeht – wir können nur noch nicht ganz genau sagen, wann der Zeitpunkt gekommen sein wird, das Neue umzusetzen und in unser Leben zu integrieren. Für den Moment braucht es deshalb unser kontinuierliches Dranbleiben. Unser Ausgerichtetsein auf das Neue. Es in uns weiter heranreifen zu lassen, bis der Zeitpunkt gekommen ist, an dem der gekeimte Samen sozusagen die Erde durchstößt und im außen sichtbar wird – der Zeitpunkt, an dem wir das Neue in unserem Leben verwirklichen können.

Der inneren Stimme vertrauen und folgen

In der Zeit des Dazwischenstehens haben wir uns darin geübt, (wieder) auf unsere innere Stimme zu lauschen. Nun ist es an der Zeit zu lernen, dieser inneren Stimme wirklich zu vertrauen und ihr zu folgen. Das, was wir im Inneren wahrgenommen haben, auch wirklich im Außen umzusetzen, wenn die Zeit dafür reif ist. Oftmals werden tausend Vernunftstimmen gegen das sprechen, was wir in uns als richtig gespürt haben. Vielleicht erzählen uns auch andere Menschen, dass das gar nicht geht, was wir da vorhaben: zu unrealistisch, zu groß, zu teuer, zu wenig Wissen, zu alt. Wenn wir Vertrauen in unsere innere Stimme und die eigene, innere Führung entwickeln, bekommen wir zugleich das Zutrauen und die Kraft, die wir brauchen, um die Dinge anzupacken und zu verwirklichen. Es braucht oftmals Mut, uns selbst zu folgen – gegen die gängige Meinung und das, was von uns erwartet wird. Wenn es uns gelingt, werden wir reich beschenkt. Unser Leben fühlt sich stimmig an, die Wege, denen wir folgen, erleben wir als richtig. Wir haben das Gefühl, zur rechten Zeit am richtigen Ort zu sein. Und erfahren damit unser Eingebundensein ins Leben. Wir fühlen uns als Teil von etwas Größerem – und folgen den Wegen, die das Leben mit uns geht.

ERFAHRUNGSBERICHT

Wenn der Weg plötzlich klar ist

Da saß ich nun, auf dem Berg in der Schweiz, mit meinen Antworten und der Klarheit darüber, wo mein Weg weitergehen würde. Ich würde mich also selbständig machen. Ich ahnte, dass ich, wenn ich diesen Schritt gehen würde, nicht nur meinen eigenen Ängsten begegnen, sondern vor allem viel Gegenwind im Außen erfahren würde. Mein Großvater sagte damals einen wichtigen Satz zu mir: Das Wichtigste ist doch, dass das, was du tust, dir Freude macht. *Dieser Satz begleitet mich bis heute. In Gesprächen und Begegnungen mit Eltern, Professoren von der Uni, aber auch Freunden und Freundinnen wurde mir bewusst, dass ich lange Zeit unbewusst den Wünschen und Meinungen anderer gefolgt war. In dieser Zeit ließ mich eine Art Herzensfeuer vorwärtsgehen auf meinem Weg, diese Gewissheit, das Richtige zu tun. Die innere Klarheit über meinen Weg war so stark, die Antworten und die Erfahrung auf dem Berg so eindrücklich. Dazu kamen Menschen, die mir den*

Rücken stärkten. Und ich sah, wie sich – neben all dem Gegenwind – die Türen für den neuen Weg langsam zu öffnen begannen. Auch wenn meine Ängste noch genauso groß waren wie zuvor, ließ mich das doch vorwärtsgehen. Damals habe ich gelernt, meiner inneren Stimme zu vertrauen und zu folgen, und vor allem, nicht jedem gleich von meinem Vorhaben zu erzählen. Die zarten Pflänzchen zu schützen, bis sie stark genug sind, um den Wind der anderen auszuhalten. Dass ich damals meinem Herzen und der inneren Stimme vertraut habe, wurde zur Initialzündung dafür, unbeirrt und kontinuierlich meinem eigenen Weg zu folgen und den Wegen des Lebens zu vertrauen – ob sie für mich aus Verstandessicht Sinn machen oder nicht, schwierig oder leicht zu gehen sind. Ich folge ihnen, weil ich weiß, dass sie jetzt dran sind.

Auf diese Weise wird der Weg, den wir gehen, einer, auf dem wir mehr und mehr nach innen lauschen. Statt zu versuchen, die Pläne, die wir uns mit dem Kopf ausgedacht haben, durchzusetzen, lauschen wir viel öfter auf das, was jetzt wirklich kommen und sein will: Wo will das Leben mit mir hingehen? Was steht jetzt an? Was ist jetzt wirklich stimmig? Damit betten wir uns ein in den Fluss des Lebens. Wir folgen den Hinweisen und Zeichen, die wir in uns wahrnehmen. Das Besondere ist: Je weniger ich meinen eigenen Plänen folge, umso mehr habe ich das Gefühl, dass mein Leben wirklich mir entspricht. Als hätte das Leben einen größeren Überblick über die Möglichkeiten, Wege und Dinge, als ich selbst. Inzwischen bin ich überzeugt davon, dass es so ist.

In Balance kommen zwischen Tun und Sein

Wenn wir während dieser letzten Phase unserer Schwellenzeit den inneren Antworten und Wahrnehmungen mit Geduld und Kontinuität folgen, sie in uns reifen und immer klarer werden lassen, kommen wir irgendwann an den Punkt, an dem wir spüren: Die Zeit der Realisierung ist gekommen. Damit treten wir zugleich aus der Schwellenzeit in unseren neuen Alltag. Dieses besondere Winterviertel des Jahresrades, das uns über die vergangenen Tage, Wochen, Monate oder Jahre geprägt hat, endet. Der Schritt in den gewandelten Alltag führt aus dem Winter in den Frühling hinein und damit in die Tatkraft, die dieser mit sich bringt. Wir kennen das alle: Es wird wärmer, sonniger, und wir bekommen Lust, nach draußen zu gehen und tatkräftig zu verwirklichen, was da lange in uns gereift ist.

Es geht hier, zum Abschluss der Schwellenzeit, um die Balance zwischen Tun und Sein. Darum, immer wieder zu prüfen: Was steht jetzt wirklich an? Welcher konkrete Schritt ist dran? Geht es gerade ums aktive Tun oder ums entspannte, geduldige Sein? Es geht jetzt darum, einen Schritt zu gehen, wenn er ansteht, und abzuwarten, weiter zu lauschen, wenn gerade keiner dran ist. Dann zu handeln, wenn der Impuls von innen kommt, und die Verbindung zur inneren Stimme und zu sich selbst zu halten. Wir müssen nicht gleich alles umsetzen oder den ganzen Weg kennen. Das ist gar nicht möglich. Der Weg wird sich vor uns entfalten, mit jedem Schritt, den wir gehen. Wir wissen jedoch nun und auch später meist ziemlich genau, welches der nächste Schritt ist, der ansteht. Diesen dann auch zu gehen, darum geht es.

Phase 4
Das, was du in deinem Inneren erahnt hast, wird konkreter. Mehr und mehr nimmt es Form an, bis du es in deinem Leben umsetzen kannst. Zunächst braucht es meist noch Geduld. Doch irgendwann kommt der Punkt, an dem du merkst, dass der nächste Schritt ansteht. Jetzt geht es vor allem darum, die Balance zwischen Tun und Sein zu finden und nicht übereilt, sondern langsam ins Tun zu kommen. Das, was du zuvor in deinem Inneren wahrgenommen hast, in dein Leben zu bringen. Mit dem Ende dieser Phase endet auch die Schwellenzeit und du kommst in deinem neuen, gewandelten Alltag an.

Darum geht es in dieser Phase: Geduld zu haben, die Balance zwischen Tun und Sein zu finden, langsam in die Verwirklichung zu kommen.

Das ist am wichtigsten in dieser Phase: Dem Neuen zu vertrauen und sich langsam von innen nach außen zu wenden.

Das tut jetzt gut: Die Schritte nach außen langsam zu setzen.

Das sind Stolperstellen: Zu schnell vorzupreschen. Den Zeitpunkt des Handelns aufzuschieben.

Dazu fordert diese Phase auf: Der inneren Stimme zu vertrauen und zu folgen und im passenden Moment den nächsten Schritt zu gehen.

Das wird möglich durch diese Phase: Die Antworten, Wege und Möglichkeiten, die sich im Inneren gezeigt haben, jetzt im eigenen Leben umzusetzen.

Kennst du die vier Phasen einer Schwellenzeit, weißt du, was dich in ihnen erwartet: Du kennst die Themen und Herausforderungen ebenso wie die Ressourcen der jeweiligen Phase. Damit wird es leichter, vertrauensvoll durch die einzelnen Phasen einer Schwellenzeit zu gehen, weil du wie einen Kompass an der Hand hast, der dir zeigt, an welcher Stelle du dich gerade befindest.

DIE GRÖSSTEN STOLPERSTELLEN AUF DEM WEG

Es gibt einige Stolperstellen, denen du während einer Schwellenzeit begegnen kannst. Wie weiter vorne beschrieben, ist der Widerstand die wohl größte Stolperstelle. Denn er kann das Weitergehen stoppen und gänzlich zum Erliegen bringen – dann geht es weder vor noch zurück. Doch auch weitere Stolperstellen, wie die Angst und die Ungeduld, können auftauchen. Indem du sie kennst und dir bewusst ist, dass sie auftauchen können, kannst du selbst etwas tun, um dich von ihnen nicht aufhalten zu lassen. So bleibst du nicht an einer Stelle stehen oder stecken, sondern gehst aktiv gestaltend durch deine Schwellenzeit.

DER WIDERSTAND

Definition: Das Leben ablehnen, so wie es sich gerade zeigt. Sich dem Leben entgegenstellen, die eigenen Pläne durchsetzen wollen. Nein sagen zu dem, was ist. Das Vertraute, Bekannte zurückhaben wollen. Nicht weitergehen wollen, nicht wahrhaben wollen, was ist.

Typische Sätze: Ich will das so nicht haben. Ich will, dass alles wieder so ist wie früher.

Zeitpunkt: Zeigt sich vor allem in Phase 1 einer Schwellenzeit.

Fühlt sich so an: Eng, angestrengt, kämpferisch, festhaltend, geballte Fäuste.

Das hilft: Innerlich und äußerlich in Bewegung kommen, Gefühle fühlen, sein mit dem und anerkennen, was ist.

Kommt es in unserem Leben anders, als wir es geplant oder gewollt haben, neigen wir dazu, in den Widerstand zu gehen: Wir wollen die Veränderung nicht haben und wir versuchen, sie aufzuhalten oder abzuwenden, indem wir uns gegen sie stemmen. Das mag uns das Gefühl geben, die Dinge selbst in der Hand zu halten. Es ist der Versuch, selbst zu entscheiden, wie das Leben weitergehen soll. Nur, dass das so nicht funktioniert. Das Leben hat sehr häufig etwas anderes mit uns vor, als wir mit ihm. Der Widerstand mag sich anfühlen, als hätten wir alles im Griff, doch eigentlich treten wir auf der Stelle. Wir haben uns selbst in eine Sackgasse manövriert und halten künstlich am Leben, was längst vergangen ist.

Indem wir in den Widerstand gehen, bringen wir den natürlichen Fluss des Lebens zum Erliegen. Es ist, als würden wir eine Staumauer aus Steinen gegen die Veränderung in unserem Leben errichten. Was passiert? Das Wasser staut sich auf, der Fluss fließt nicht mehr weiter. Solange, bis wir entweder selbst die Steine wegnehmen oder der Damm bricht. Beides passiert oft sehr lange nicht. Das kann sich erst einmal gut anfühlen. Wir haben die Veränderung vermeintlich abgewehrt. Doch mit der Zeit werden wir feststellen, dass wir auch nicht zurück ins Alte, Vertraute können. Und eben auch, dass sich nichts vorwärtsbewegt. Diesen Zustand können wir lange aushalten. Oftmals über Jahre. Doch wenn wir weitergehen wollen in unserem Leben – auch wenn wir die Veränderung eigentlich nicht gewollt haben, die jetzt da ist –, müssen wir etwas verändern.

Selbst die Steine wegzunehmen bedeutet, sich einverstanden zu erklären mit dem Verlauf der Dinge im Leben. Das heißt nicht, sie toll finden und begrüßen zu müssen. Es bedeutet lediglich, anzuerkennen, dass die Dinge sind, wie sie sind. Zu sehen: Ja, so ist es. Tun wir dies nicht, kann es sein, dass wir vom Leben geschubst werden: Irgendwann wird das Feststecken im Widerstand so unerträglich oder erschöpfend, dass etwas in unserem Leben passiert und uns mit voller Wucht vorwärtsbringt – die Staumauer bricht aufgrund des großen Drucks. Das kann durch eine Krankheit, eine Kündigung oder eine anderweitige Verschärfung unserer Situation passieren.

Widerstand als Schutzreaktion

Wir schützen uns, indem wir in den Widerstand gehen: Wir müssen auf diese Weise (zunächst) nicht fühlen, was ist. Wir können uns einreden, es sei doch gar nicht so schlimm oder nicht da, weil es anzuerkennen so groß wäre, dass wir Angst haben, das nicht zu überleben. Anzuerkennen, was ist, würde bedeuten, zuzustimmen, dass etwas Existenzielles in unserem Leben passiert ist. Etwas, das wir nicht haben wollen und auch noch gar nicht begreifen können. Das uns vielleicht überwältigt. Ein Teil von uns weiß, dass wenn wir uns einlassen würden auf das Anerkennen dieser Veränderung, wir von einer großen Welle des Schmerzes und der Trauer erfasst würden. Wir haben Angst vor diesem Schmerz, fürchten, davon überwältigt zu werden, uns darin zu verlieren. Und wir haben Angst davor wie unser Leben künftig aussehen wird. Wir wissen nicht, was kommt. Wir sind nicht sicher, ob wir umgehen können mit dem, was da geschieht. Ob wir dem gewachsen sind. Deshalb machen wir dicht und wollen das Vertraute zurück. Wir sträuben uns dagegen, anerkennen zu müssen, was ist.

Es ist also eine natürliche Schutzreaktion, erst einmal in den Widerstand zu gehen, wenn Herausforderndes in unserem Leben geschieht. Wir müssen zunächst innerlich sortieren, was da eigentlich passiert ist, und unsere Ressourcen mobilisieren oder uns Unterstützung holen, um dem Geschehenen begegnen zu können.

Verharren wir allerdings sehr lange im Widerstand, kommt es zu einem Stillstand: Wir fühlen uns taub, abgestumpft, unverbunden und spüren oftmals nicht mehr, wie es uns wirklich geht. Den Widerstand aufzugeben bedeutet, die Gefühle, die da sind, wieder zuzulassen und zu fühlen. Oftmals sind das in dieser Phase, zu Beginn einer Schwellenzeit, die Trauer und die Wut. Der Schmerz über das, was nicht mehr ist, und die Angst vor dem, was kommt. In dem Moment, in dem wir die Staumauer abbauen oder sie von selbst bricht, fühlen wir die Gefühle in ihrer ganzen Größe. Das kann Angst machen. Zugleich werden wir erleben, dass, wenn wir uns wirklich auf die Gefühle einlassen, sie in Wellen kommen und wieder gehen, und uns nicht etwa umbringen oder wegspülen, sondern etwas in uns nach und nach zu Frieden kommen lassen.

ERFAHRUNGSBERICHT

Nach einer Trennung im Widerstand steckenbleiben

Ramonas Partner hat sich von ihr getrennt mit der Begründung, dass es nicht mehr passt zwischen ihnen. Er hat sie gebeten, noch zwei Wochen in der gemeinsamen Wohnung zu bleiben, damit der Abschied der gemeinsamen Zeit nicht so abrupt wird. Ramona lehnt erst ab, willigt dann aber doch ein – und merkt, dass sie hofft, dass ihr Partner sich doch nochmal umentscheidet. Dass es doch noch eine Chance auf eine gemeinsame Beziehung gibt. Sie denkt, wenn sie die Situation nur lange genug aussitzt, wird es vielleicht klappen. Eines Abends nimmt dieses Aussitzen und Warten – man könnte auch sagen, ihr Verharren im Widerstand – eine unerwartete Wende: Ihr Ex-Partner erzählt ihr, dass er sich in eine Arbeitskollegin verliebt hat und dass dies der eigentliche Grund für die Trennung sei. In den vergangenen Monaten hat er bereits immer wieder Zeit mit ihr verbracht, wovon Ramona nichts wusste. Für sie ist das ein Schlag ins Gesicht: Ihre letzte Hoffnung auf ein erneutes Zusammenkommen wird damit zerstört. Es ist zugleich der Aufrüttler, der sie aus ihrem Widerstand bringt. Und sie handelt. Sie sucht sich eine eigene Wohnung. Rückblickend sagt sie, dass sie diesen Schlag gebraucht habe, um aus ihrem Warten und Hoffen aufzuwachen. Sie wäre wohl noch länger dabeigeblieben, wenn es diesen Aufrüttler nicht gegeben hätte.

Zurück im Fluss des Lebens

Was in diesem Moment geschieht, ist, dass wir aufgeben, kapitulieren und uns hingeben: Wir versuchen nicht mehr, etwas zu reparieren, zu verändern oder zu retten. Wir stehen mitten in dem, was geschehen ist, und erkennen an, was ist. Vielleicht wird uns in diesem Augenblick erstmals der Schmerz bewusst, den wir fühlen, und wir bemerken, dass wir Zeit und Raum für ihn und für die Trauer brauchen. Doch was vor allem passiert, ist: Unser Leben geht weiter. Die Tränen der Trauer und des Schmerzes bringen uns zurück in den Fluss des Lebens. Ein Aufatmen und Entspannung können sich einstellen – wir müssen nicht mehr kämpfen. Auf diese Weise kommen wir von der ersten Phase der Schwellenzeit in der nächsten Phase an. Das Aufgeben des Widerstands ist oft kein einmaliger Akt. Vielmehr braucht es unsere Bereitschaft, die geballten Fäuste immer wieder zu öffnen und zu sagen: *Ich gebe ab. Ich lasse los. Ja, so ist es.* Tun wir dies, erleben wir, dass da nichts Starres oder Hartes mehr in uns ist. Vielmehr nehmen wir vielleicht erstmals wahr, wie zart, roh und verletzlich wir uns aktuell fühlen. Auf diese Weise kommen wir in unsere Handlungsfähigkeit zurück – wir können unser Leben mitgestalten, auch wenn es anders ist als gehofft, gewollt, gedacht oder erwartet.

Der Widerstand ist also die größte Stolperstelle auf dem Weg durch die Schwellenzeit: Er bringt das Rad des Lebens zum Stillstand, nichts geht weiter. Die Gefühle zu fühlen, die da sind, und anzuerkennen, was geschehen ist, bringt einen zurück in den Fluss des Lebens. Der Weg durch die eigene Schwellenzeit setzt sich fort.

Übungen, um aus dem Widerstand wieder ins Fließen zu kommen

Nachfolgend habe ich mehrere Übungen zusammengestellt, die dich dabei unterstützen, wieder ins Fühlen zu kommen, dich selbst durch den Widerstand zu begleiten und deinen Weg durch die Schwellenzeit fortzusetzen.

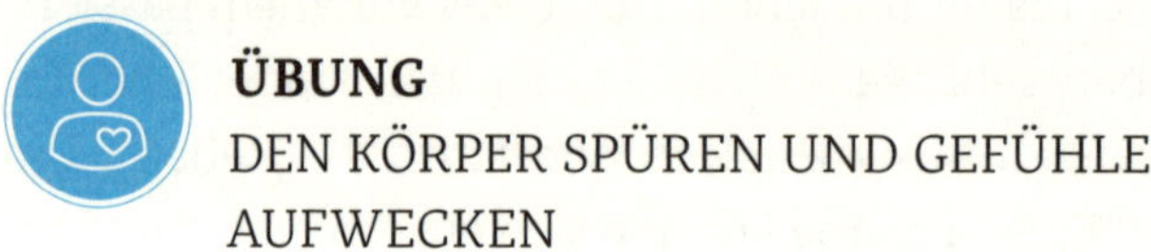

Bist du im Widerstand, fühlst du dich oft nicht mehr, bist wie abgeschnitten von dir selbst. Indem wir in Bewegung kommen – über die äußere Bewegung, wie das Spazieren oder Tanzen, die innere Bewegung, wie das Summen oder Tönen, übers Lachen oder Weinen oder über die Berührung des Körpers –, können sich die Gefühle in uns wieder zeigen. Wir kommen raus aus dem Widerstand, können ihr Fließen wieder wahrnehmen – und damit auch uns selbst wieder spüren. Merkst du, dass eine der folgenden Übungen dir besonders guttut und dich auf leichte, heilsame Weise mit deinen Gefühlen wieder in Kontakt bringt, schau, ob du sie öfters für dich nutzen magst. Je öfter du sie in deinen Tag integrierst, umso mehr kommst du aus dem Widerstand und wieder in deinen Körper und in den jetzigen Moment.

Vier Wege, um wieder ins Fließen zu kommen:

1. Berührung: Berühre bewusst und achtsam deinen Körper, streiche dir sanft über den Arm oder halte dich für einige Minuten im Arm. Du kannst dir auch eine Kopfmassage geben oder eine dir vertraute Person, bei der du dich zeigen kannst, wie du bist, bitten, dich zu halten, zu streicheln oder dir den Kopf zu massieren – das zu tun, was dir gerade angenehm ist. Es kann ebenfalls sehr angenehm sein, dir die Füße massieren zu lassen (oder sie selbst zu massieren). Du kannst auch jemanden bitten, seine Hände auf deinen Rücken zu legen, oder dich selbst kräftig an eine Wand, einen Schrank, ein festes Kissen oder etwas anderes, das dir Rückhalt bietet, anlehnen. Ist kein Mensch da, den du um Halt und Unterstützung bitten könntest oder möchtest, kannst du dich auch auf eine Wiese legen oder an einen Baum anlehnen. Auch diese Berührung kann dir etwas Stärkendes und Heilsames schenken.

Auf diese Weise kannst du dich selbst in deinem Körper wieder besser spüren. Das bringt deine Aufmerksamkeit zurück zum Körper und damit in den jetzigen Moment. Gefühle können sich zeigen und du fühlst dich zugleich gehalten in diesem Augenblick und in deinem Körper.

2. Körperliche Bewegung: Du kannst spazieren, tanzen, schwimmen gehen und dich damit auf eine Weise körperlich betätigen, die nicht auf Leistung ausgerichtet ist. Es ist eher eine Form von körperlicher Bewegung, die dich ruhiger machen und entspannen kann. Nutze diese körperliche Bewegung, um auf langsame Weise wieder mehr deinen Körper wahrzunehmen. Es kann sinnvoll sein, langsam spazieren zu gehen – von Anfang an oder nach einer schnelleren Runde. Oder auch erst zu schneller Musik zu tanzen und dann ins langsamere Tanzen überzugehen, sodass du dich besser spüren kannst.

Die körperliche Bewegung bringt zugleich etwas in Herz und Geist in Bewegung. Wenn es im Außen fließt, kommt etwas in dir ins Fließen.

3. Innere Bewegung: Du kannst singen oder summen, Töne machen und deinen Körper so von innen heraus bewegen. Das Singen, Summen oder Tönen bringt dein Zwerchfell in Bewegung und damit auch Gefühle, die in dir sind oder feststecken. Du kannst dir ein Lied aussuchen, das dir guttut, eine Melodie summen oder einfach die Töne kommen lassen, die sich jetzt zeigen. Eine große Sammlung aus einfachen und heilsamen Liedern aus aller Welt bietet die Internetseite StimmVolk.ch[3], ein schweizweites Friedens-Singprojekt.

4. Lachen oder weinen: Ob du lachst oder weinst, ist letztendlich egal, wenn es darum geht, deine Gefühle wieder ins Fließen zu bringen. Körperlich passiert ziemlich dasselbe: Dein Zwerchfell kommt in Bewegung. Dadurch bekommen die Gefühle mehr Raum, können sich zeigen und werden beweglicher. Ob du künstlich oder echt lachst oder weinst, ist dabei ebenfalls egal – der Körper unterscheidet nicht zwischen beidem und beide Wege können Stagnation lösen.

Wenn du das Gefühl hast, jede dieser Übungen könnte dich überfordern, und du Angst hast vor den Gefühlen, die sich zeigen können, hole dir Unterstützung. Das kann eine professionelle Therapeutin oder ein Therapeut sein, jemand, der dir Raum geben kann für deine Gefühle und dich sicher dabei begleitet, sie zu fühlen. Du musst nicht alles alleine schaffen, manchmal ist es wichtig, sich Unterstützung zu holen.

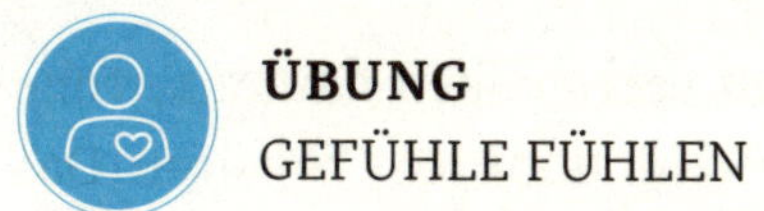

ÜBUNG
GEFÜHLE FÜHLEN

Die zuvor beschriebene Übung *Den Körper spüren und Gefühle aufwecken* kann eine gute Vorübung zu der nun folgenden sein. Sie macht es dir möglich, die Gefühle aufzuwecken, die da sind, und wieder mit ihnen in Kontakt zu kommen. Mit der Übung *Gefühle fühlen* wendest du dich ihnen nun bewusst zu. Diese Übung kannst du nutzen, wenn du bewusst die Gefühle und Körperempfindungen spüren möchtest, die da sind. Du bekommst einen ersten Zugang zu deinen Gefühlen und Klarheit darüber, welche du eigentlich gerade erlebst. Indem du dir einen gewissen Zeitrahmen gibst, kann es leichter sein, dich strukturiert auf die Gefühle und Körperempfindungen einzulassen, die sich zeigen: Du weißt, du fühlst sie für eine gewisse Zeit und kehrst anschließend zu deinem sonstigen Tun zurück. Zugleich bekommen die Gefühle bewusst Raum und Zeit, um sich zeigen zu dürfen. Auch wenn du dich durcheinander und von ihnen überflutet fühlst, kann diese Übung unterstützend sein, weil sie dich Gefühle strukturiert und in Verbindung mit deinem Körper wahrnehmen lässt und damit den Fokus auf den jetzigen Moment legt.

Stelle dir einen Wecker auf zehn oder 15 Minuten und beginne. Setze dich bequem hin, schließe deine Augen, wenn es dir angenehm ist, oder richte deinen Blick entspannt vor dich auf den Boden. Spüre dann deinen Körper: Nimm den Boden unter deinen Füßen wahr. Spüre den Kontakt vom Po zur Sitzunterlage. Nimm wahr, wie deine Wirbelsäule aufgerichtet ist, dich hält und trägt. Wenn du magst, lege eine Hand oder beide Hände übereinander auf deinen Unterbauch, knapp unterhalb deines Nabels. Nimm das Heben und Senken deiner Bauchdecke mit jedem Atemzug bewusst wahr. Bleibe für einige Atemzüge bei diesem Wahrnehmen, und dann nimm wahr, welches Gefühl jetzt gerade in deinem Körper präsent ist, und benenne es. Zum Beispiel Angst, Trauer, Wut, Scham oder Freude. Nimm nun wahr, wo in deinem Körper du dieses Gefühl spürst. Spürst du es in deiner Brust, im oberen Bauch, im Herz, im linken Oberschenkel oder an einer ganz anderen Stelle? Benenne diese Stelle. Geh nun noch tiefer und nimm wahr, wie sich diese Stelle in deinem Körper anfühlt. Ist sie hart, angespannt oder zusammengezogen? Oder fühlt sie sich ganz anders an? Beschreibe es in deinen Worten, innerlich oder laut. Bleibe bei dieser Körperwahrnehmung. Nimm wahr, ob sie sich verändert. Es kann sehr gut sein, dass sie eine Weile gleichbleibt und sich dann wandelt. Häufig verändert sich auch das dahinterliegende Gefühl, wenn sich die Körperempfindung verändert oder mit der Zeit weggeht. Mache keine Geschichte aus dem, was du wahrnimmst. Sei einfach nur mit dem, was ist – und erlaube, dass es sich verändert. Hat sich die Körperempfindung verändert, und die Anspannung ist zum Beispiel einer Entspannung gewichen, schau, ob auch das dahinterliegende Gefühl verschwunden ist. Wenn ja, bleibe neugierig und forsche auf die gleiche Weise noch einmal, ob sich anderswo in deinem Körper ein weiteres Gefühl und eine dazugehörige Körperempfindung zeigen, bei denen du verweilen kannst. Ist das Gefühl an der bisherigen Stelle noch da, beschreibe deine Körperempfindung weiterhin und verweile bei ihr.

Sind die zehn oder 15 Minuten vorbei und dein Wecker klingelt, beende das Wahrnehmen. Ebenso, wenn du den Eindruck hast, dass es jetzt reicht oder es dich überfordern würde, noch weiterzumachen. Halte einen Moment inne: Atme mehrmals bewusst ein und aus, verdeutliche dir wieder den Boden unter deinen Füßen, spüre den Kontakt deines Pos zur Sitzunterlage, nimm wahr, wie die Wirbelsäule aufgerichtet ist, dich trägt und hält. Öffne deine Augen, wenn du sie geschlossen hast, und komme ganz an im Hier und Jetzt. Recke und strecke dich, gähne, mache Töne und stehe vielleicht auch auf, schüttele Arme, Hände, Füße und Beine aus. Schau, was du brauchst, um gut weiterzugehen in deinem Tag – ein Abstreichen deines Körpers, eine Selbst-Umarmung, einen Moment lang deine Füße zu halten. Beende damit die Übung.

Die meisten Menschen nehmen eine Wellenbewegung wahr, wenn sie so mit ihren Gefühlen und Körperempfindungen in Kontakt sind: Gefühle und dazugehörige Körperempfindungen tauchen auf, werden intensiver, erreichen ihren Höhepunkt, flachen wieder ab und lösen sich auf. Dann ist es vielleicht eine Weile – länger oder kürzer – ruhig, ehe sich das nächste Gefühl – ein neues oder dasselbe wie zuvor – und damit eine neue Körperempfindung zeigt. Indem wir lernen, so mit unseren Körperempfindungen und Gefühlen zu sein, und erfahren, dass sie sich wandeln und nichts Feststehendes oder Überflutendes sind, können wir den Kampf gegen sie leichter aufgeben. Wir müssen sie nicht verstecken und ihnen nichts entgegensetzen. Wir müssen nicht überlegen, warum sie da sind, uns keine Erklärung oder Geschichte zu ihnen ausdenken. Wir gestatten uns, einfach mit ihnen zu sein – mit dem zu sein, was ist. Dadurch entsteht innerer Frieden, ein Gefühl der Ruhe, und wir können aus dem Widerstand zurück ins Fließen und Wahrnehmen unseres Körpers und der Gefühle kommen.

ÜBUNG

DIE FÄUSTE LANGSAM ÖFFNEN

Diese Übung kannst du für dich nutzen, wenn du im Widerstand feststeckst, auch mehrfach am Tag. Sie lässt dich spüren, wie es sich anfühlt, festzuhalten, und wie du es erlebst, lockerzulassen. Mit ihr kannst du das Aufgeben und Abgeben üben und dich langsam herantasten. Sozusagen mit den Händen stellvertretend üben, was du in deinem Leben vollziehen magst. Gehe dabei jeweils nur so weit, wie es für dich angenehm ist – du musst nichts leisten und niemandem etwas beweisen. Du bist gut genug, so, wie du gerade bist. Vertraue darauf.

Balle deine Hände zu Fäusten und stelle dir vor, in ihnen das Vertraute, Alte zu halten, das nicht mehr da ist. Spüre deutlich, wie du es fest umklammerst: Was nimmst du in deinen Händen wahr? Wie fühlen sie sich an? Was spürst du in deinem Körper? Mache dir bewusst, dass du im Widerstand gegen die Veränderungen in deinem Leben bist, die du nicht haben möchtest.

Lockere deine Fäuste dann ein ganz klein wenig, lass etwas von der Anspannung gehen. Wie fühlt es sich an, ein klein wenig lockergelassen zu haben? Ist es angenehm oder unangenehm? Spüre, was sich hierdurch verändert hat: Vielleicht nimmst du ein Aufatmen wahr oder dein Körper reagiert in einer anderen Form. Vielleicht spürst du auch deine Gefühle – Trauer als Druck hinter dem Brustbein oder als einen Kloß im Hals, Angst als einen Klumpen im Magen, Wut als Brennen im Bauch. Nimm wahr, was da ist. Sollten Tränen fließen wollen, erlaube ihnen, zu kommen. Spüre, wie sich etwas in dir durch das Lockerlassen deiner Fäuste wieder öffnet, in Bewegung kommt. Verweile einige Zeit mit diesen ganz leicht gelockerten

Fäusten. Dann, wenn du möchtest, lockere deine Fäuste noch ein Stück weiter. Und noch ein Stück. Nimm immer wieder wahr, was in deinem Körper und mit deinen Gefühlen geschieht. Löse deine Fäuste so weit, wie es für dich angenehm ist. Solltest du bereits beim ersten leichten Lockerlassen spüren, dass es dir zu viel wird, die Hände weiter zu lösen, bleibe dabei. Du musst nichts verändern, es ist genug für den Moment.

Beende die Übung, indem du bewusst die Vorstellung loslässt, das Alte in deinen Händen zu halten – und öffne deine Hände wieder vollständig, falls sie noch geballt sind. Es sind nun wieder einfach deine Hände. Schüttele sie aus, dehne und strecke sie. Vielleicht magst du dich bewegen, etwas trinken oder etwas von deiner gemachten Erfahrung aufschreiben.

ÜBUNG
LIEDER UNTERSTÜTZEN DICH

Lieder können uns dabei unterstützen, Gefühle wieder ins Fließen zu bringen und zu fühlen. Sie können uns heilsam begleiten auf dem Weg durch die Schwellenzeit, sie können neue Kraft schenken, stärken und Geborgenheit vermitteln.

Wenn du solch ein Lied kennst, kannst du es in Zeiten, in denen du im Widerstand bist, nutzen, um wieder ins Fühlen zu kommen. Du kannst zu ihm tanzen oder es leise mitsingen. Du kannst ihm lauschen, dich selbst umarmen, während du es hörst, oder tun, was dir jetzt gerade guttut.

Vielleicht möchtest du dir das Lied auch während der Übung *Die Fäuste langsam öffnen* (siehe vorherige Übung) anhören. Es könnte dich unterstützen. Du kannst dir auch eine Playlist mit mehreren solcher Lieder anlegen.

Ein Lied, das solch eine Kraft hat, ist *Yawe ho*[4]. Es trägt den Untertitel *Tanz des Nordens* und steht damit für den Winter (der ja auch der Schwellenzeit entspricht), die Stille und die unterstützenden, nicht sichtbaren Kräfte. Es verbindet mit den Ahninnen und Ahnen, die vor uns gegangen sind und uns ihre unterstützenden Kräfte zur Verfügung stellen.

Das Lied *Be still and know*[5] wiederum zeigt, dass Dunkelheit und Licht, Freude und Schmerz zusammengehören, und unterstützt uns dabei, anzunehmen, was in unserem Leben ist. Ein weiteres, sehr unterstützendes Lied ist *Yana*[6], ein Lied für die Heilung des Herzens, in das du all den Schmerz, der oft hinter dem Widerstand steckt, hineinlegen kannst. Diese und eine Vielzahl weiterer, stärkender und unterstützender Lieder findest du auf StimmVolk.ch[3] und bei YouTube unter *Musik Duenda*[7].

DIE ANGST

Definition: Unvertraut sein mit dem, was einen erwartet, sich fürchten vor dem, was kommt. Das Gefühl haben, dem Unbekannten nicht gewachsen zu sein.

Typische Sätze: Ich habe Angst vor dem, was kommt. Ich habe Angst vor dem Neuen, dem Unbekannten. Ich habe Angst, es nicht zu schaffen. Ich habe Angst, dass es zu groß ist. Ich traue mir das nicht zu.

Zeitpunkt: Zeigt sich vor allem in Phase 1, 3 und 4 einer Schwellenzeit.

Fühlt sich so an: Panik, inneres Zurückschrecken, Furcht. Das Bedürfnis, zu flüchten – gegebenenfalls in den Widerstand.

Das hilft: Gefühle zu fühlen, das Wissen um das Jahresrad, den tiefsten Punkt und den typischen Ablauf einer Schwellenzeit mit ihren vier Phasen zu kennen.

Die Angst ist natürlicher Bestandteil jeder Schwellenzeit. Sie muss nicht auftauchen, aber sie kann. Angst zeigt sich dann, wenn wir unvertraut sind mit dem, was uns erwartet, befürchten, dass es uns überwältigen könnte, und keine Idee haben, wie wir mit dem Kommenden umgehen sollen – wir fühlen uns nicht kompetent, nicht sicher, nicht gestärkt und getragen genug.

Die Angst ins Bodenlose zu fallen

Angst kannst sich in der ersten Phase einer Schwellenzeit zeigen. Etwas bricht weg oder ist weggebrochen und wir haben Angst vor dem, was das in uns auslöst: Wir wissen nicht, wie wir mit den Gefühlen, die damit einhergehen – mit dem Schmerz, der Trauer, der Wut, der Fassungslosigkeit –, umgehen sollen. Wir fürchten an ihnen zu zerbrechen. Vielleicht ist auch die Angst da, ins Bodenlose zu fallen, und davor, dass das eigene Leben nur immer schlimmer wird. Das Jahresrad lehrt uns, dass dem nicht so ist. Es sagt: Indem du mitgehst mit dem Wandel, wirst du automatisch dem tiefsten Punkt begegnen, der Tief- und Wendepunkt zugleich ist. Durch ihn beginnt das Neue – du erlebst den tiefsten Punkt und gleichzeitig den Beginn des Neuen. Mit ihm geht es wieder aufwärts, hinein in einen neuen Alltag. Dieser Prozess braucht Zeit. Vertrauen entwickelt sich vor allem dadurch, dass wir mit dem Wissen um die Gesetzmäßigkeiten des Jahresrades in und durch die Schwellenzeit gehen und selbst erfahren, wie dieser Tief- und Wendepunkt einen weiterträgt. Ich glaube nicht, dass sich das nur mental, über den Verstand, erfahren lässt. Ich glaube, wir müssen es immer wieder erleben, um zu vertrauen, dass wir uns dem Prozess der Schwellenzeit anheimgeben können.

Für mich war das Wissen um den tiefsten Punkt wesentlich, um meine Angst, ins Bodenlose zu fallen, zu verlieren. Durch die Aufwärtsbewegung, die im Jahresrad auf den tiefsten Punkt folgt, habe ich nun ein neues Bild vor Augen: Ich sehe, dass mein Leben weitergeht. Etwas ändert sich, aber es ist nicht das Ende meines Lebens, ich sterbe nicht real. Dieses Wissen, dass der Tiefpunkt zugleich Wendepunkt hin zu etwas Neuem ist, gibt mir das Vertrauen, mich immer wieder auf ihn einzulassen und zu erfahren, dass er mich weiterträgt ins Neue. Und noch etwas hat sich durch das Wissen um das Jahresrad, das zyklische Werden und Vergehen alles Lebendigen, verändert: Ich weiß jetzt, was mich erwartet. Indem ich den typischen Ablauf einer Schwellenzeit mit ihren vier Phasen kenne, kann ich mich einstellen auf das, was kommt. Es ist nicht mehr *irgendetwas,* das mir passiert, sondern ich weiß, was mich erwartet. Damit habe ich einen Kompass durch die Krise. Sie folgt einem Rhythmus, den ich kenne. Ich bin vertraut mit ihr. Vielleicht ist es ein Vertrauen, das zunächst noch theoretisch ist. Doch je öfter ich erfahre, dass es so ist, den Rhythmus wiedererkenne, desto mehr wird es gelebte Erfahrung. Ich kenne den Rhythmus und kann jedes Mal wieder für mich nachschauen, an welchem Punkt ich mich gerade befinde. Das gibt Sicherheit. Ich kann sehen, welche Herausforderungen in diesem Moment anstehen, was jetzt guttut und was mir in dieser Phase weiterhilft. Indem ich diesen Kompass bewusst anwende, bin ich Mit-Gestalterin meiner Schwellenzeit – ich bleibe handlungsfähig und erlebe mich als eine, die sich selbst unterstützen kann.

Die Angst vor dem ungewissen Neuen

Während in Phase 1 die Angst vor dem, was während der Schwellenzeit auf einen zukommen kann, im Vordergrund steht, zeigt sich in Phase 3 und 4 vor allem die Angst vor dem Neuen: Was wird kommen, jetzt, nach dem tiefsten Punkt? Kommt da überhaupt etwas? Wie wird das werden? Nachdem wir zuvor mit dem Wegbrechen des Vertrauten konfrontiert waren, stehen wir jetzt der Angst vor dem Kommenden gegenüber. Vielleicht haben wir schon eine Ahnung davon, vielleicht ist es noch gänzlich unbekannt. Indem wir uns bewusstmachen, dass diese Zeit des Nicht-Wissens auf natürliche Weise zur Schwellenzeit dazugehört – und zugleich Wege und Mittel kennenlernen, wie wir damit umgehen können –, können wir ihren Wert für uns erkennen. Wir sehen, dass es eine Zeit des Lauschens, Ahnens und Träumens ist. Eine Zeit, in der uns bewusst wird, was uns wichtig ist im Leben und auf welche Weise wir unseren Weg fortsetzen wollen. In der letzten Phase der Schwellenzeit kann sich vor allem die Angst zeigen, dem Neuen, das jetzt mehr und mehr sichtbar ist, konkreter wird, nicht gewachsen zu sein: *Wie soll das gehen? Auf welche Weise sollen wir es umsetzen?* Wir fühlen uns zu alt, zu schwach, zu unwissend, überfordert. Wir haben das Gefühl, zu wenig Geld zu haben, unpassende Lebensumstände, und keine Ahnung, wie wir das, was wir da in uns spüren, in die Welt bringen sollen. Das macht Angst. An diesem Punkt ist es wesentlich, dass du verbunden bleibst mit dem, *was* sich zeigt. Du musst nicht wissen, *wie* du es umsetzt – die Wege zeigen sich in der Regel von alleine. Es geht darum, wahrzunehmen: Was will da ins Leben kommen? Was will Wirklichkeit werden? Hierauf den Fokus zu belassen und offen zu bleiben für die Wege und Möglichkeiten, die sichtbar werden. Meine Erfahrung ist: Immer, wenn sich etwas großartiges Neues zeigt, bekommen wir zugleich auch die Unterstützung, es zu verwirklichen. Und meist ganz anders, als wir es uns vorher hätten vom Kopf her ausdenken können.

Angst zu haben, ist in einer Schwellenzeit natürlich. Es bedeutet nicht, dass du der Zeit der Wandlung nicht gewachsen bist, nicht gut genug bist oder etwas falsch gemacht hast. Es zeigt nur, dass du ein Gefühl erlebst, das sehr viele Menschen während einer Schwellenzeit haben. Lässt sich die Angst als natürlicher Bestandteil einer Schwellenzeit annehmen, kann es leichterfallen, mit ihr umzugehen und ihr zu begegnen.

Hilfreiche Übungen bei Angst

In Kapitel 2 findest du eine Vielzahl an Übungen, um mit den Herausforderungen, die Angst machen können während einer Schwellenzeit, umzugehen. Eine Übersicht habe ich dir hier zusammengestellt.

Wenn du Angst hast ...

- vor dem Sterben(lassen) des Vertrauten
    - → Reflexion: Deine Ressourcen während des Sterbeprozesses stärken (S. 131)
    - → Reflexion: Wer kann dich unterstützen? (S. 108)
    - → Ritual: Über die Schwelle gehen (S. 115)

- vor den Gefühlen, die mit dem Sterben(lassen) und Trauern verbunden sind
    - → Zeit in der Natur: Stärkende Kraft im Rücken (S. 137)
    - → Ritual: Die Schwere ein Stück tragen – und ablegen (S. 134)
    - → Übung: Trauern in Bewegung (S. 138)
    - → Die Übungen: Den Körper spüren und Gefühle aufwecken (S. 76), Gefühle fühlen (S. 79) und Die Fäuste langsam öffnen (S. 82)

- vor dem tiefsten Punkt
    - → Schwellengang: Tod und Leben begegnen sich (S. 149)
    - → Übung: Tiefpunkte verändern uns (S. 144)
    - → Ritual: Auf der Schwelle verweilen (S. 146)

- vor dem Dazwischenstehen – nicht zu wissen, was kommt und was einen erwartet
    - → Zeit in der Natur: Einen Ort der Stille finden (S. 164)
    - → Reflexion: Wo die Antwort sich zeigt (S. 174)

→ Übung: Das weiße Blatt Papier (S. 175)
→ Übung: Um klare innere Führung bitten (S. 160)
→ Übung: Deine innere Stimme im Alltag wahrnehmen (S. 159)

- dem Neuen nicht gewachsen zu sein
  → Übung: Was unterstützt dich im Neuen? (S. 205)
  → Übung: An deiner Seite bleiben (S. 211)
  → Übung: Synchronizitäten erkennen (S. 196)

DIE UNGEDULD

Definition: Wollen, dass die Dinge sich schneller entwickeln, als sie es tun. Fehlendes Vertrauen in die zeitlich stimmige Entwicklung der Dinge.

Typische Sätze: Wann kann ich endlich loslegen? Warum dauert das so lange? Wo ist denn jetzt das Neue?

Zeitpunkt: Taucht vor allem in Phase 4 und auch in Phase 3 einer Schwellenzeit auf.

Fühlt sich so an: Rastlosigkeit, Unruhe, Nervosität.

Das hilft: Balance entwickeln zwischen Tun und Sein, den Wert der Phase des Dazwischenstehens kennen, den Dingen Zeit für ihre eigene, stimmige Entwicklung lassen.

Die Ungeduld tritt insbesondere in Phase 4 der Schwellenzeit auf: Jetzt wissen wir langsam – oder erahnen zumindest –, was da an Neuem in unserem Leben kommen will. Wir wollen endlich loslegen, wir wollen machen – doch es geht noch nicht. Die neuen Wege sind noch nicht fertig gebahnt, wir wissen noch nicht alles, was wir wissen müssen, um das Neue umsetzen zu können. Oder wir haben noch keine Idee, wie es gelingen kann. Häufig passiert jetzt, dass wir nervös, unruhig und rastlos werden. Wir können nichts tun, damit sich die Dinge schneller entwickeln, egal, was wir versuchen. Manchmal stellt sich ein gewisser Aktionismus ein – wir tun alles Mögliche, um die Dinge voranzutreiben, obwohl wir gleichzeitig genau wissen und spüren, dass das nichts weiterbringt.

Es wird eine gewisse Demut von uns gefordert, uns einzulassen auf die natürliche Entwicklung der Dinge. Nicht zu meinen, selbst am besten zu wissen, wie schnell sich das Neue entwickeln soll, sondern dem Leben zu vertrauen. Es hilft jetzt, etwas zu haben, was uns ins Tun bringt, ohne dass wir in Aktionismus verfallen. Auf diese Weise können wir unsere überschüssige Energie nutzen und eine gute Balance zwischen Tun und Sein entwickeln. Die Dinge entstehen nicht schneller, nur weil wir es wollen. Es ist wie ein bekannter Spruch: Das Gras wächst nicht schneller, indem man daran zieht. Das erleben wir in dieser Phase. Viel Energie können wir sparen, indem wir lernen, mit der Ungeduld bewusst umzugehen und sie als Teil des Weges durch eine Wandlungszeit zu erfahren.

Nicht nur am Ende werden wir ungeduldig. Es kann gut sein, dass sich die Ungeduld auch schon in Phase 3 einer Schwellenzeit zeigt: Dann, wenn wir endlich wissen wollen, wie unser Leben weitergehen will. Dann, wenn wir im Dunkeln tappen und noch keine Ahnung haben, was kommen wird. Wir sind versucht, hier schon loszulegen, ohne jedoch wirklich zu wissen, in welche Richtung es gehen soll, einfach, weil wir uns wieder Klarheit, Sicherheit und Orientierung wünschen. Wir sind es gewohnt und vertraut damit, gleich einen Plan zu entwickeln, wenn eine Veränderung ansteht oder etwas vergangen ist. Haben wir den nicht, macht uns das unsicher. Dem Nicht-Wissen Raum zu geben, lernen wir weder in der Schule, noch kommt es in gesellschaftlichen oder wirtschaftlichen Zusammenhängen vor. Wir müssen erst erfahren, welchen Wert die Zeit des Dazwischenstehens für uns hat, um zu begreifen, dass es keinen Sinn macht, direkt vom Alten ins Neue zu wollen – der Weg führt durch die Zeit des Nicht-Wissens hindurch. Eine Zeit, in der wir uns regenerieren von der Phase des Sterben(lassen)s und des tiefsten Punktes und Orientierung und Klarheit gewinnen über das, was kommen will. Auf diese Weise wird der Boden bereitet für das Neue. Unsere Werte werden wieder deutlicher und wir spüren unsere Bedürfnisse und Wünsche bewusst. Es ist eine Schulung in Geduld, die wir in Phase 3 und 4 der Schwellenzeit durchlaufen, und ein Erkennen, dass die Dinge ihre eigene Zeit der Entwicklung brauchen.

Hilfreiche Übungen bei Ungeduld

In Kapitel 2 findest du einige Übungen, die dich darin unterstützen, Geduld zu kultivieren und zu vertrauen, dass sich die Dinge zur rechten Zeit entwickeln und fügen.

Eine Übersicht dieser Übungen habe ich dir hier zusammengestellt:

- → Übung: Die Balance finden zwischen Tun und Sein (S. 192)
- → Übung: Wie bist du unterwegs auf dem Weg ins Neue? (S. 198)
- → Übung: Mit den Händen etwas tun (S. 177)
- → Reflexion: Geduld haben (S. 208)
- → Reflexion: Der nächste Schritt (S. 209)

> Der Widerstand, die Angst und die Ungeduld sind die häufigsten Stolperstellen, die während einer Schwellenzeit auftauchen können. Es ist möglich, dass sie dein Weitergehen behindern und dich feststecken lassen. Indem du dir bewusst bist, dass sie auftauchen können, und weißt, wie du ihnen begegnen kannst, hast du die Möglichkeit an der Hand, trotz dieser Hindernisse deinen Weg fortzusetzen.

KAPITEL 2

SCHWELLENZEITEN AKTIV GESTALTEN

Wenn die Welt gefühlt stillsteht und es im Außen nichts zu tun gibt, kann ich an meiner Seite stehen und zuverlässig für mich da sein, mich auf meinem Weg begleiten.

Nachdem du jetzt mehr über Schwellenzeiten und ihren typischen Ablauf weißt, bekommst du in diesem praktischen Teil des Buches die Möglichkeit, deine Schwellenzeit aktiv zu gestalten. Übungen, Zeiten in der Natur, Schwellengänge, Meditationen, Rituale und Reflexionen begleiten dich durch die einzelnen Phasen deiner Schwellenzeit. Denn auch wenn es meist nichts gibt, was wir tun können, um eine Schwellenzeit schneller voranzubringen oder zu beenden, so gibt es doch einiges, das in den einzelnen Phasen unterstützend und stärkend wirkt. Als Vorbereitung findest du zwei Impulse für dich – das Anlegen eines Notizbuches sowie das Einrichten eines Platzes für deine Schwellenzeit. Außerdem kannst du am Ende dieses Kapitels mit Hilfe des Jahresrades herauszufinden, in welcher Phase einer Schwellenzeit du dich gerade befindest. Auf diese Weise kannst du noch zielgenauer die Übungen auswählen, die jetzt für dich passend und unterstützend sind.

Dein Notizbuch

Lege dir gerne ein Notizbuch für deine Schwellenzeit an. In ihm kannst du all deine Erkenntnisse, Erfahrungen und das, was dich berührt hat, notieren – ob zu den Übungen in diesem Buch wie auch zu deiner Schwellenzeit insgesamt. So schaffst du die Möglichkeit, jederzeit wieder zurückblättern und nochmals nachlesen zu können, was du bereits geschafft hast, was dich herausgefordert hat und welchen Weg du bis hierher gegangen bist. Du wirst staunen, wie solch ein Notizbuch zu einem ganz persönlichen Begleiter durchs Leben werden kann. Ich nenne diese Bücher gerne Essenzbücher, weil sie für mich die Essenz dessen, was ich erkannt und erfahren habe im Leben, enthalten. Das Notizbuch sollte gut in deiner Hand liegen und ein Papier haben, das angenehm zu beschreiben ist. Damit erhöht sich die Wahrscheinlichkeit, dass du es regelmäßig nutzt. Schau auch, welcher Stift dir zum Schreiben gefällt: Ist es ein Bleistift, ein Kugelschreiber, ein Filzstift? Oder etwas ganz anderes? Lege dir gerne auch farbige Stifte bereit. Ob es Pastellkreiden, Buntstifte, Filzstifte oder andere Farbstifte sind, wählst du. Es gibt in den Übungen und Ritualen immer wieder die Möglichkeit, etwas zu malen und aufzuzeichnen.

Einen Platz für deine Schwellenzeit gestalten

Wenn du möchtest, kannst du dir in deiner Wohnung oder deinem Haus einen Platz für deine Schwellenzeit einrichten – der sich in ihrem Verlauf ruhig immer wieder wandeln kann. Das kann eine Ecke in deinem Zimmer sein oder ein anderer Platz in deiner Wohnung – auf der Kommode, auf dem Nachttisch, wo es passend für dich ist. Dieser von dir gestaltete Platz erinnert dich immer wieder daran, dass du dich gerade in einer Schwellenzeit befindest, und dass etwas Grundlegendes in deinem Leben geschieht. Er ist deine Würdigung und Wertschätzung für dich selbst. Hier kannst du Dinge sammeln, die dir guttun. Postkarten und Bilder, die dich stärken. Naturmaterialien, Figuren und Symbole, die du magst. Vielleicht gibt es auch einen Duft, der dich begleitet, oder eine Farbe, die du gerne um dich hast. Ein Tuch, farbiges Papier oder Karton eignen sich dazu, diesen Bereich zu gestalten. Vielleicht möchtest du auch eine Kerze an deinen Ort stellen und dein Notizbuch dazulegen. Es soll ein Ort sein, an dem du immer wieder innehalten kannst. An dem du sein kannst, so, wie du gerade bist. Der dir einen Augenblick des Aufatmens und Durchatmens schenkt – in allem, was dich gerade bewegt.

MIT ÜBUNGEN, RITUALEN UND ZEITEN IN DER NATUR DURCH DIE SCHWELLENZEIT GEHEN

Im Folgendem wirst du auf ganz unterschiedliche Weise eingeladen, deine Schwellenzeit aktiv zu gestalten. Mal erwartet dich eine Übung, dann wieder ein Ritual, ein anderes Mal eine Meditation, abgestimmt auf die jeweilige Phase deiner Schwellenzeit. Es ist zwar sehr hilfreich, durch das Lesen des ersten Teils dieses Buches ein besseres Verständnis für deine Schwellenzeit zu bekommen und somit vieles, was du erlebst, klarer einordnen zu können. Doch die praktische Erfahrung machst du im Tun. So können dich die Rituale, Schwellengänge, Zeiten in der Natur, Meditationen, Übungen und Reflexionen erfahren lassen, dass du eine Schwellenzeit wirklich aktiv gestalten und unterstützend begleiten kannst. Du erlebst dich dadurch als handlungsfähig.

Damit du weißt, was dich im jeweiligen Format erwartet, stelle ich sie dir nun vor:

ÜBUNG

Mit den Übungen kannst du dir selbst etwas Gutes tun. Du kannst schreiben, malen, kreativ sein oder etwas praktisch in deinem Alltag umsetzen und ausprobieren. Fragen lassen dich Neues über dich erfahren, Körper- und Wahrnehmungsübungen bringen dich näher zu dir.

RITUAL

Ein Ritual schafft einen Übergang von einem Zustand in einen anderen. Es macht die Wandlung sichtbar, in der du dich gerade befindest. Es ist gut, dir für ein Ritual mindestens eine Stunde Zeit zu nehmen und danach nichts Aktives mehr zu planen. So kann das Ritual nachklingen und du kannst spüren, was es in dir bewegt.

SCHWELLENGANG

Der Schwellengang schenkt dir die Möglichkeit, in Kontakt mit deiner Umgebung, Antworten und Lösungen auf deine Fragen zu bekommen. Dabei gehst du bewusst über die Schwelle deiner Haustür, erfährst deine Umgebung als Antwort auf deine Frage und bekommst durch sie einen Impuls. Lies dir die Anleitung zum jeweiligen Schwellengang zunächst in Ruhe durch. Prüfe, was du für ihn brauchst, und entscheide dann, ob du ihn direkt machen kannst oder ihn später machen magst. Es ist gut, dir für den jeweiligen Schwellengang eine Stunde oder etwas mehr Zeit zu nehmen. So kannst du ganz in Ruhe auf deinen Schwellengang gehen und hast anschließend noch Zeit, um ihn nachklingen zu lassen.

ZEIT IN DER NATUR

Hierbei nimmst du dir Zeit, draußen in der Natur unterwegs zu sein. Dazu gibt es jeweils eine kleine Aufgabe von mir: Mal wirst du einen Ort der Stille für dich finden, dann die Lebendigkeit und Bewegung in der Natur erfahren, ein anderes Mal die stärkende Kraft eines Baumes in deinem Rücken spüren. Die Zeit in der Natur kann direkt vor deiner Haustür beginnen – du kannst sie auch in einem Garten oder Park durchführen. Wohnst du sehr städtisch, kann es sinnvoll sein, ins nahegelegene Grün zu fahren.

MEDITATION

Die Meditationen geben dir die Möglichkeit, mit einer klaren Ausrichtung nach innen zu gehen – um Stärkung, Ruhe und Kraft oder Antworten und Erkenntnisse in dir zu finden. Sie sind wie kleine innere Reisen und zugleich wie eine Auszeit mitten im Alltag.

REFLEXION

Die Reflexionen machen dir Ressourcen und stärkende Erfahrungen bewusst, die du in deiner aktuellen Schwellenzeit nutzen kannst. Mit konkreten Fragen begleite ich dich dabei, deine Ressourcen zu erinnern, zu notieren und sie für dich greifbar und umsetzbar zu machen.

Am Ende jeder Übung, Meditation, Zeit in der Natur, jedes Rituals, Schwellengangs und jeder Reflexion findest du jeweils die Essenz – wofür die Anregung gut ist und was ihr Kerninhalt ist. So kannst du dir nochmals ihren Wert bewusstmachen oder beim Querlesen sofort sehen, was dich anspricht.

Wichtig: Nutze, was dich anspricht. Wähle das aus, bei dem du merkst, dass du Lust darauf hast, dass dich schon das Lesen der Anleitung entspannt und du das Gefühl hast, die Anregung würde dir guttun. Deine Schwellenzeit wird nicht leichter oder schwerer, weil du alle oder nur wenige der Anregungen nutzt.

ERSTE-HILFE-BOX

Zum Abschluss jedes Kapitels, in dem jeweils eine Phase deiner Schwellenzeit im Zentrum steht, findest du eine Erste-Hilfe-Box. Sie enthält Hilfreiches und Wertvolles für diese Zeit, Reflexionsfragen und einen Stärkungssatz. Du kannst sie immer dann nutzen, wenn du dich fragst: Was ist nochmal der Kern dieser Phase? Was tut mir jetzt gut in dieser Zeit? Welche Reflexionsfragen helfen mir hier weiter? Und welcher Satz könnte mich jetzt stärken?

ÜBUNG

DEINEN STANDORT BESTIMMEN

Schwellenzeiten gliedern sich, wie beschrieben, in vier Phasen, zu denen jeweils bestimmte Themen gehören. Indem du klar weißt, wo du gerade stehst, kannst du gezielt die Übungen nutzen, die jetzt hilfreich für dich sind. Bist du dir unsicher, wo du stehst, oder weißt du, dass du dich am Beginn einer Schwellenzeit befindest, kannst du vorne anfangen.

Schau dir die Grafik auf der nachfolgenden Seite an, die du weiter vorne schon kennengelernt hast. Sie zeigt dir auf einen Blick die vier Phasen einer Schwellenzeit und die jeweils dazugehörigen Themen.

Lass die nachfolgenden Fragen zu jeder Phase auf dich wirken. Bei welcher Phase merkst du am häufigsten ein inneres Ja, eine Zustimmung? Sie kann die Phase sein, in der du dich gerade befindest.

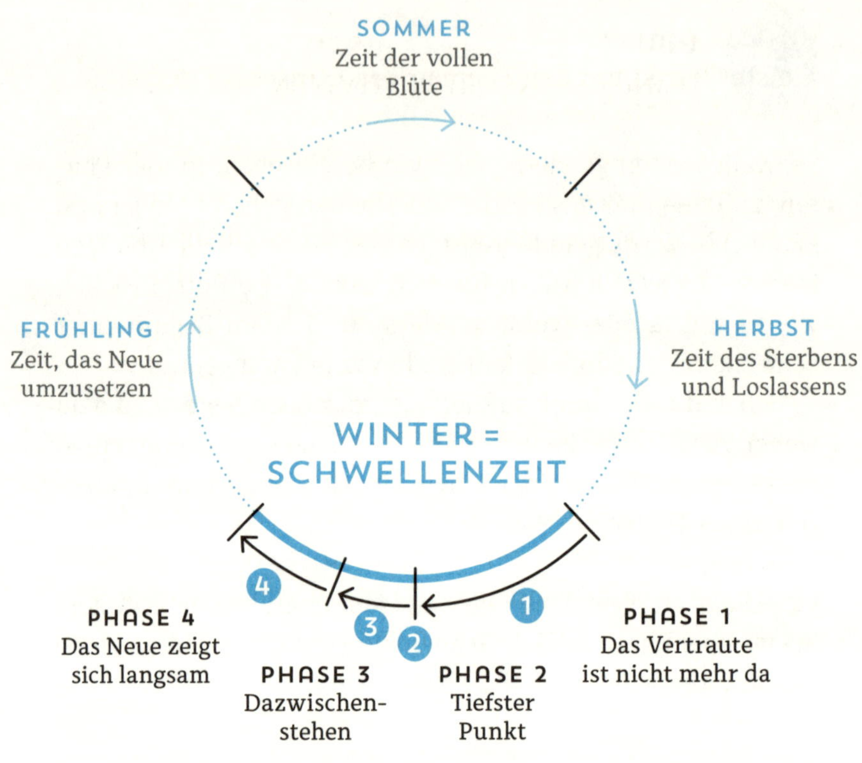

Grafik 4: Die Schwellenzeit mit ihren vier Phasen

PHASE 1

Das Vertraute ist nicht mehr da mit den Themen Sterben(lassen), Trauern, Verabschieden, Widerstand

Ist das Vertraute gerade dabei wegzubrechen oder schon weggebrochen? Ist vieles Bekannte dabei sich aufzulösen und trägt nicht mehr? Berühren dich die Themen des Sterbens, Sterbenlassens, des Trauerns und Verabschiedens? Findest du dich oft innerlich im Widerstand gegen das wieder, was da gerade in deinem Leben passiert?

PHASE 2

Tiefster Punkt mit den Themen Tod, Hingabe, Frieden

Fühlst du dich gerade, als wäre etwas von dir gestorben? Als hättest du wirklich eine Art von Tod erfahren, auch wenn du nicht physisch als Mensch gestorben bist? Ist es still und ruhig in dir, vielleicht friedlich, auch wenn der Schmerz weiterhin groß ist? Fühlst du dich, als würdest du mit leeren Händen dastehen?

PHASE 3

Dazwischenstehen mit den Themen Nicht-Wissen, nach innen lauschen

Kommt es dir so vor, als hättest du den tiefsten Punkt durchschritten und würdest gerne wieder loslegen, aber du weißt noch nicht, womit, wann und wie? Ist noch offen, wo dein Weg weitergehen will? Fühlst du dich dazwischenstehend?

PHASE 4

Das Neue zeigt sich langsam mit den Themen Geduld haben, deiner inneren Stimme vertrauen und folgen, langsam in die Umsetzung kommen

Merkst du, dass das Neue in deinem Leben langsam konkreter wird? Fällt es dir schwer, Geduld zu haben und drängt es dich, es endlich zu realisieren? Oder hast du Angst, langsam wieder loslegen und im neuen Alltag ankommen zu müssen?

In welcher Phase würdest du dich verorten? Notiere die Phase, in der du dich gerade befindest, in deinem Notizbuch.

PHASE 1: DAS VERTRAUTE IST NICHT MEHR DA

Das, was ich geliebt habe, was mir wichtig und wertvoll war,
ist nicht mehr da.
Es braucht Zeit und Raum, um zu begreifen,
um sacken zu lassen,
um das Sterben und Trauern wirklich zuzulassen.

Manchmal geschieht das Sterbenlassen freiwillig: Wir erkennen, dass uns etwas nicht mehr guttut und verabschieden uns davon. Dann wieder wird das Sterben erzwungen: Etwas passiert in unserem Leben, wodurch ein Mensch, ein Lebensumstand, ein Ort oder etwas anderes Vertrautes nicht mehr da ist. In jedem Fall sind wir mit dem Sterben konfrontiert. Mit diesem Gefühl, dass vor Kurzem noch alles vertraut und gewohnt war und wir jetzt am Beginn einer Phase stehen, von der wir nicht wissen, wohin sie uns führt.

In dieser ersten Phase einer Schwellenzeit ist es wichtig, dem Sterben und der Trauer Raum zu geben. Zu erlauben, dass sie Teil deines Lebens sein dürfen, und nicht einfach weiterzumachen wie bisher. Indem du dem Sterben(lassen) Raum gibst, gehst du bewusst durch die erste Phase deiner Schwellenzeit und kommst sicher in der zweiten Phase an, ohne im Widerstand steckenzubleiben. Das Trauern erlaubt dir, wirklich zu fühlen, was nicht mehr ist. Den Schmerz zu durchleben und damit gewandelt am tiefsten Punkt anzukommen.

Sterben(lassen) und Trauern gehen Hand in Hand. Du verabschiedest dich auf diese Weise vom Vertrauten, das nicht mehr

Teil deines Lebens ist. Das braucht Zeit und auch viel Kraft. Umso wichtiger ist es, gut auf deine Grundbedürfnisse – wie Trinken, Essen und Schlafen – zu achten und gut für dich selbst zu sorgen. Du kannst auch andere Menschen bitten, dich dabei zu unterstützen.

GUT FÜR DICH SELBST SORGEN

Als ich nach einer intensiven Trennung keine Kraft und Lust hatte, um nach draußen zu gehen, bat ich eine Nachbarin, mir Obst vor die Tür zu legen. Ich hatte keinen Hunger, geschweige denn Appetit, doch ich wusste, dass ich etwas essen muss. Die Nachbarin legte mir Aprikosen und Bananen vor die Tür und sagte, ich könne ihr jederzeit Bescheid geben, wenn ich Nachschub an Essen brauche. Ich lernte damals, dass ich um Hilfe bitten darf und dass andere Menschen gerne helfen. Wenn du mehr als Obst brauchst – warme, gekochte Mahlzeiten zum Beispiel oder es weitere Familienmitglieder, wie Kinder, zu versorgen gilt –, bitte mehrere Freundinnen und Freunde, Nachbarn oder Bekannte um Unterstützung. Die Aufgabe, auf mehrere Schultern verteilt, lässt sich gleich viel leichter bewältigen. Oft sind andere froh, wenn sie wissen, wie sie ganz konkret helfen können. Indem du es ihnen kommunizierst, öffnest du die Möglichkeit, dass du bei der Erfüllung deiner Grundbedürfnisse unterstützt wirst und andere dir etwas Gutes tun können.

Kannst du für dich selbst sorgen, dann schau, was dir jetzt guttut: Worauf hast du Lust zu essen? Sind es warme Mahlzeiten? Kalte Mahlzeiten? Vor allem Obst und Gemüse? Oder etwas anderes? Achte auf die Signale deines Körpers.

Noch wichtiger als das Essen ist das Trinken, gerade wenn wir vielleicht viel Weinen. Schau, dass du dir eine Kanne mit Wasser oder Tee bereitstellst. Vielleicht gibt es auch einen Lieblingstee, ein Lieblingsgetränk (ohne Alkohol), das dich jetzt stärkt. Mich beruhigt zum Beispiel Fencheltee immer sehr und ein Kräuter-Früchte-Sirup hebt zuverlässig meine Laune.

Ebenso wichtig wie das Trinken ist der Schlaf: Ohne Schlaf fehlen dir die Kraft, dich deinen Gefühlen zuzuwenden, und die Ressourcen, um für dich da zu sein. Oft ist es verlockend, abends lange am Handy zu sein, Serien zu gucken oder im Internet zu surfen, wenn die Angst vor den eigenen Gefühlen groß ist oder wir uns nicht (mehr) unseren Themen zuwenden wollen. Dir selbst eine konkrete Uhrzeit zu setzen, zu der du regelmäßig ins Bett gehst und wieder aufstehst – auch und gerade während der Schwellenzeit –, schafft Struktur und damit Rhythmus. Das gibt deinem Körper wie dem gesamten Nervensystem Orientierung und Halt.

Solltest du nicht schlafen können, gibt es eine Vielzahl an Möglichkeiten, die dich unterstützen können: von Kräutertees, die das Einschlafen und deinen Schlaf fördern, über beruhigende Öle, mit denen du zum Beispiel deine Füße und Hände massierst, eine Fußmassage, die du dir gibst oder bekommst, entspannende Musik, ein Abendspaziergang, eine angeleitete Einschlafmeditation. Auch Weinen kann entspannen, sodass es dir leichter fällt einzuschlafen.

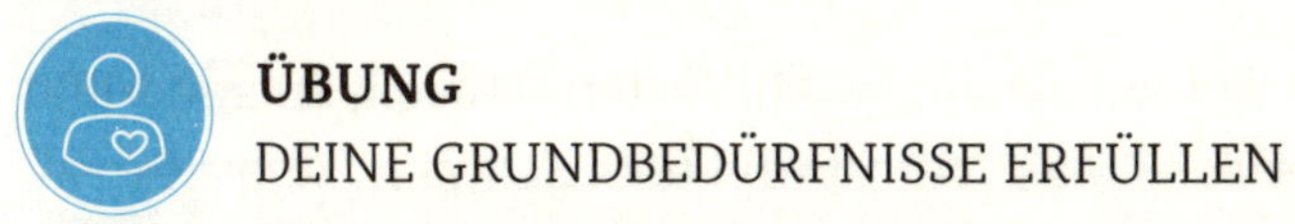

ÜBUNG

DEINE GRUNDBEDÜRFNISSE ERFÜLLEN

Mache es dir zu einer Routine, dich mehrmals am Tag zu fragen:

- Habe ich gerade Durst?
- Habe ich Hunger?
- Muss ich auf Toilette?
- Ist mir warm genug (oder zu warm)?
- Bin ich müde?

Du kannst dir die Fragen auch auf einen (oder mehrere) Zettel schreiben und diesen sichtbar in deinem Zuhause aufhängen – an der Kühlschranktür, am Laptop, innen an der Wohnungstür, neben dem Sofa. Platziere ihn auf jeden Fall so, dass du mehrmals am Tag an ihm vorbeikommst. Es geht darum, dich an deine Grundbedürfnisse zu erinnern und diese zu erfüllen. Gerade, wenn ein Geschehen uns emotional sehr einnimmt, vergessen wir oft, rechtzeitig zur Toilette zu gehen, zu trinken, zu essen, uns warm genug anzuziehen und ausreichend zu schlafen. Indem du auf deine Grundbedürfnisse achtest, sorgst du gut für dich. Du legst die Basis dafür, dass es dir gut gehen kann.

Für deine Grundbedürfnisse zu sorgen, macht deinen Schmerz und deine Trauer nicht ungeschehen – darum geht es auch gar nicht. Es gibt dir vielmehr die Möglichkeit, die Kraft zu haben, ihnen zu begegnen. Du sorgst gut für dich, so, wie eine Mutter oder ein Vater gut für ihr oder sein Kind sorgen würde. Du wirst dir selbst zu einer Freundin, einem Freund, die oder der gut auf die eigenen Bedürfnisse achtet. Indem du dich sicher und wohl fühlst – weil dir warm genug ist, du getrunken und gegessen hast –, bekommst du mehr Kapazität, dich dir selbst zuzuwenden. Mit leerem Magen, frierend und übermüdet der Trauer, Angst und dem Schmerz zu begegnen, ist um einiges herausfordernder als mit erfüllten Grundbedürfnissen.

> Indem du deine Grundbedürfnisse erfüllst, sorgst du gut für dich. Hast du ausreichend geschlafen, gegessen und getrunken, ist dir warm genug und Blase und Darm sind entleert, bist du entspannter und kannst dich dir selbst zuwenden. Deine Kapazität, die Herausforderungen anzunehmen, die gerade da sind, wird größer.

REFLEXION
WER KANN DICH UNTERSTÜTZEN?

Nimm dir einen Moment Zeit und mache eine Liste der Menschen, die du um Hilfe und Unterstützung bei der Erledigung alltäglicher Dinge wie Kochen, Einkaufengehen oder die Kinder versorgen bitten kannst. Wen kannst du um was bitten? Welche Nachbarn, Bekannte, Freundinnen und Freunde und Familienmitglieder, vielleicht auch Kolleginnen und Kollegen, kannst du ansprechen? Nicht alle müssen für alles sorgen. Vielleicht kümmert sich jemand einen Nachmittag lang um deine Kinder, jemand anderes kauft für dich ein und wieder jemand anderes kocht etwas auf Vorrat für dich. Schau, wen du um was bitten kannst. Frage diese Menschen ganz konkret an. Lass dich von einem *Nein* nicht abschrecken – vielleicht passt es zu einem anderen Zeitpunkt besser oder dein Gegenüber kann dich mit etwas anderem leichter unterstützen. Verteile die Aufgaben auf mehrere Schultern. Indem wir lernen, uns jemandem zuzumuten, können wir einander als Menschen besser kennenlernen. Wir zeigen uns auch in unseren schwachen, hilfsbedürftigen Momenten und es kann eine neue Tiefe im Miteinander und in Beziehungen entstehen.

Wenn es niemanden gibt, den du im Freundes-, Bekannten- oder Familienkreis um Unterstützung bitten kannst oder magst, schau, welche regionalen Hilfsangebote es gibt. Oft gibt es die Möglichkeit, Nachbarschaftsnetzwerke oder andere lokale Organisationen um Hilfe zu bitten.

Neben der praktischen Unterstützung im Alltag kann es sinnvoll sein, dir auch emotionale oder fachliche Unterstützung durch eine Therapeutin, einen Coach, eine Lebensberaterin oder jemand anderen, fachlich Ausgebildeten zu holen. Das ist ein Bereich, den der Freundes- und Bekanntenkreis oft nicht tragen kann. Als ich damals die Nachbarin gebeten habe, mir Obst vor die Tür zu legen, habe ich mir zeitgleich eine Coachin gesucht, die mich engmaschig ein- bis zweimal die Woche telefonisch begleitet hat. Ich wollte verstehen, was eigentlich passiert war und wollte meine Gefühle besser kennenlernen. Ich wollte erkennen, warum es so sehr schmerzte und wie ich gut durch diesen Schmerz würde hindurchgehen können. Diese engmaschige Unterstützung hat mir gerade zu Beginn – kurz nach der Trennung – sehr geholfen, weiterzugehen und meine Ausrichtung zu halten. Ich wusste, dass ich eine professionelle Unterstützung an der Seite habe, die mich sicher durch diesen Prozess hindurchführt. Die sich auskennt und weiß, was jetzt ansteht. Das hat mir große Sicherheit und Vertrauen in mich und in den Weg, der vor mir lag, gegeben. Mit der Zeit habe ich die Begleitung dann wieder weitmaschiger werden lassen, bis ich wusste, dass ich gut wieder auf eigenen Füßen stehen kann. Mich hat diese Begleitung extrem gestärkt und meine Freundinnen und Freunde konnten derweil auf eine Weise für mich da sein, die mich wirklich unterstützte, ohne dass es ihnen zu viel wurde.

Vielleicht kennst du jemand Professionelles, von dem du dich gerne unterstützen lassen magst. Vielleicht kennst du diesen Menschen schon, hast über eine Empfehlung von ihm gehört oder findest ihn über eine Onlinesuche. Schau, wer jetzt passend für dich ist. Sollte das Finanzielle ein Thema sein und du dir eine privat bezahlte Unterstützung nicht leisten können, sieh dich nach regionalen Angeboten um: Oft gibt es Anlaufstellen in Städten, die vergünstigte oder kostenfreie Beratungen und psychologische Unterstützung anbieten – auch über längere Zeit hinweg.

> Dir Unterstützung in herausfordernden Zeiten zu holen ist keine Schwäche, sondern das Erkennen dessen, was du jetzt brauchst. Freundinnen und Freunde, Nachbarn und Familie darum zu bitten, dich bei ganz konkreten Alltagsdingen zu unterstützen, entlastet dich und kann eure Beziehung zueinander vertiefen. Dir zusätzlich – bei Bedarf – professionelle Unterstützung zu holen, damit du deine Schwellenzeit emotional und psychisch gut bewältigen kannst, hilft dir und entlastet zugleich dein Umfeld.

ÜBUNG
DICH BEWEGEN UND FRISCHE LUFT TANKEN

Bewegung und frische Luft sind etwas, das wir im Prozess des Sterben(lassen)s oftmals vernachlässigen: Wir sitzen in Räumen, die manchmal tagelang nicht gelüftet werden, und haben keine Lust rauszugehen. Dabei kennst du es selbst: Ein paar Minuten an der frischen Luft, den Himmel über dir, verändern oft den ganzen Tag. Schau, ob es Zeiten gibt, zu denen du gerne rausgehst: abends, wenn die Welt ruhiger geworden ist. Oder morgens, wenn sie noch dabei ist, aufzuwachen. Vielleicht hast du auch einen Platz, an den du gerne gehst – zu einem bestimmten Baum, einem Stein, einem Kraftort. Etwas, das dich auch jetzt in deiner Schwellenzeit nach draußen locken könnte. Magst du partout nicht rausgehen, lüfte öfters deine Wohnung. Du kannst auch den Kopf aus dem Fenster halten oder dich für eine Weile auf ein Sofa oder auf den Boden neben dem geöffneten Fenster setzen oder legen. Nimm die Geräusche wahr, die du hörst. Die Welt, die von draußen zu dir hereindringt. Nimm dir immer wieder Momente, so in Kontakt zu gehen mit der äußeren Welt, zugleich frische Luft zu tanken und vielleicht sogar in Bewegung zu kommen. Indem du deinen Körper bewegst – kleine Bewegungen mit den Armen oder Beinen, ein Schulter- und Nackenkreisen oder ein paar Schritte reichen schon aus –, können auch deine Gedanken und Gefühle in Bewegung kommen. Sie kommen raus aus der Stagnation und ordnen sich neu. Das kann oftmals sehr hilfreich und unterstützend sein.

> Frische Luft und Bewegung erfrischen dich von innen und geben dir die Möglichkeit, deine Gedanken und Gefühle zu sortieren. Du kannst ein Fenster öffnen, einen Spaziergang machen – das, was möglich ist.

DAS STERBEN ZULASSEN

Wesentlich ist, sich bewusst zu machen, dass wir gerade mit einem Sterbeprozess konfrontiert sind. Auch wenn es sich um einen Lebenswunsch, einen Traum, bestimmte Lebensumstände oder Gewohnheiten handelt, die sterben. Wenn das vertraute Zuhause weg ist, der Mensch, mit dem wir zusammengelebt haben oder zusammen waren, die Kolleginnen und Kollegen, mit denen wir lange zusammengearbeitet haben oder auch das Verständnis und Bild, das wir von uns selbst hatten. Was immer es ist, dass sich gerade in deinem Leben wandelt, nicht mehr da ist oder dabei ist zu sterben – es ist wichtig, zu sehen, dass es sich hierbei um einen Sterbeprozess handelt. Nicht nur Menschen können sterben, sondern auch Ideen, Projekte, Dinge, Umstände und einfach das Leben, so, wie es einmal war. Indem wir anerkennen, dass wir gerade einen Sterbeprozess durchlaufen, wird es uns möglich, all die Gefühle und Herausforderungen einzuordnen, die wir gerade erleben.

Ein Sterbeprozess läuft nicht mal eben so zwischen Tür und Angel ab. Er ist nichts, was wir mal eben so in unserer Freizeit anschauen. Ihn zu durchlaufen ist meist eine Erfahrung, die für eine gewisse Zeit unser gesamtes Leben prägt. Sie braucht Zeit und Raum, umso wertvoller ist es, wenn wir ihr diese Zeit geben. Das kann mitten im Alltag sein und muss es oftmals auch, da wir uns nicht immer für eine längere Zeit daraus ausklinken können.

Rituale unterstützen dich, den Sterbeprozess bewusst zu durchlaufen. Sie machen sichtbar, was in deinem Leben gerade passiert: Entweder ist das Vertraute bereits ganz weg, es ist gerade dabei zu sterben oder du spürst, dass es darum geht, selbst einen klaren Schnitt zu setzen. Ein Ritual vollzieht diese Wandlung. Damit kann das Ritual zum Ausdruck bringen, was du gerade erlebst. Es kann dir ermöglichen, den anstehenden Schritt schon einmal rituell zu begehen, es kann die Veränderung bestätigen, die sich bereits vollzogen hat oder es kann die Wandlung voranbringen. Das Ritual baut eine Brücke und führt dich vom Raum des Vertrauten und Bekannten in den noch offenen, leeren Raum.

Die drei Rituale, die ich nachfolgend ausführlich beschreibe, unterstützen dich in diesem Prozess. Sie setzen jedoch jeweils an einer anderen Stelle an. Das Ritual *Über die Schwelle gehen* eignet sich besonders, um eine Veränderung im Leben sichtbar zu bezeugen und zu vollziehen: Wenn die Trennung ausgesprochen ist, der Mensch gestorben ist, das Bekannte, Vertraute nicht mehr da ist. Das Ritual *Den Schnitt setzen* eignet sich vor allem dann, wenn du merkst, dass es an dir ist, einen klaren Schnitt zu setzen: Ein Arbeitsverhältnis, ein Mietverhältnis, eine Rolle, die du lange innehattest, zu beenden. Hier geht es um dein aktives Handeln. Das Ritual *Wünsche und Träume dem Feuer übergeben* eignet sich für Wünsche und Träume, die nicht ins Leben gekommen sind. Für alles Nicht-Greifbare, das wir nur in unserem Inneren gelebt haben.

Wenn du merkst, dass du den Sterbeprozess mit einem Ritual bestärken, unterstützen oder begleiten möchtest, lies dir die drei Rituale in Ruhe durch und schau, ob dich eines von ihnen besonders anspricht. Eines, bei dem du sagst: *Das kann ich mir vorstellen. Das wäre jetzt genau das Richtige für mich.* Wähle dieses Ritual aus und nutze es für deine aktuelle Schwellenzeit. Merkst du beim Lesen, dass keines der Rituale passt oder es in diesem Sterbeprozess nicht dran ist, ein Ritual zu machen, verzichte darauf. Du wirst spüren, was jetzt für dich stimmig ist. Es ist wichtig, dass das Ritual zu dir passt. Es ist sinnvoll, den vorgegebenen Ablauf einzuhalten, weil er dir Halt und Struktur gibt und dich fundiert durch das Ritual führt. Natürlich ist es immer möglich, Feinheiten noch abzuändern, so wie es für dich stimmt.

Wenn du ein Ritual durchführst, schau, dass du dir ausreichend Zeit dafür nimmst. Für die Vorbereitung, die Durchführung und für den Nachklang. Prüfe, ob du ausreichend Kraft hast, um das Ritual alleine durchzuführen, oder ob du dir eine private oder professionelle Unterstützung an deiner Seite wünschst. Das kann eine gute Freundin oder ein Freund sein, ein Coach oder eine Coachin, ebenso wie eine Ritualbegleiterin oder ein Ritualbegleiter. Jedes der hier beschriebenen Rituale ist kraftvoll und in sich abgeschlossen.

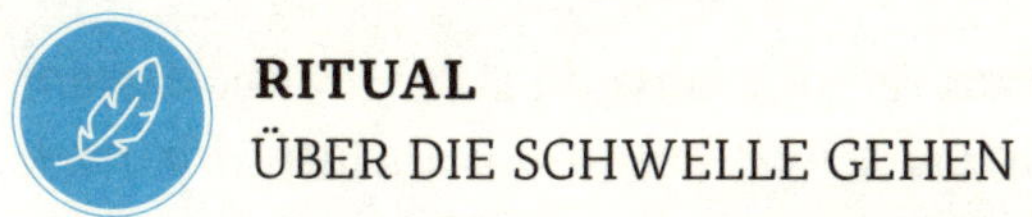

RITUAL
ÜBER DIE SCHWELLE GEHEN

Bewusst eine Schwelle zu überschreiten, bringt dich von einem Zustand in einen anderen: Von einem Leben in einer Beziehung wieder ins Singlesein. Von einem vertrauten Ort an den neuen Ort. Von der alten Arbeitsstelle in den noch offenen Raum danach. Von deinem Selbstverständnis als Frau, die ihre Menstruation hat, hin zu einer Frau, die in die Wechseljahre kommt. Indem du während des Rituals über eine echte Schwelle gehst, vollziehst du den Wandel rituell. Das kann bedeuten, dass du die Veränderung mit deinem Schritt bezeugst, weil sie in deinem Leben schon geschehen ist. Oder dass du mit dem Schritt über die Schwelle diese Veränderung symbolisch vollziehst. Vielleicht bedeutet der Schritt über die Schwelle aber auch ein erstes: *Ja, ich sehe die Veränderung – ich gehe den Schritt schon einmal rituell. Und vollziehe ihn zu einem späteren Zeitpunkt im eigenen Leben.*

Vorbereitung

Spüre zunächst nach, ob du das Gewesene, das es jetzt zu verabschieden gilt, nochmals anschauen, aufschreiben oder auf deine Weise erinnern möchtest. Gibt es noch etwas zu tun? Nimm dir Zeit dafür. Du kannst das Schwellen-Ritual über längere Zeit vorbereiten, und dann, wenn du merkst, dass du soweit bist, über die Schwelle gehen.

Schau, ob du gerne bei der Vorbereitung, Durchführung und im Nachgang des Schwellen-Rituals begleitet werden möchtest und hole dir gegebenenfalls solch eine Begleitung an die Seite. Oder soll eine dir vertraute Person deinen Schritt über die Schwelle bezeugen? Wichtig ist, dass deine Begleitung weiß, was sie erwartet, und dass du sie nicht überlastest. Erkläre ihr vorab, wie das Schwellen-Ritual abläuft, und frage sie, ob sie mit dabei sein mag. Wenn du das Ritual alleine durchführen möchtest, jedoch merkst, dass es dir Sicherheit gibt, danach mit jemandem sprechen zu können, kannst du das Gespräch vor dem Ritual vereinbaren. Vertraue hier auf dein Gefühl. Du wirst wissen, was du brauchst und wen du gerne an deiner Seite hättest.

Gibt es Menschen, die ins Ritual mit integriert werden sollen – zum Beispiel der bisherige Partner oder die Partnerin bei einer Trennung –, oder gehst du alleine durchs Ritual? Wenn du Menschen mit einbeziehen willst in das Ritual, muss das immer auf freiwilliger Basis geschehen: Erzähle ihnen, was du vorhast, frage, ob sie dabei sein möchten – und respektiere auch ein Nein. Du kannst das Ritual ebenso für dich durchführen.

Eine Zeit und einen Ort finden

Wenn du bereit bist, über die Schwelle zu gehen, finde einen Zeitpunkt, an dem du das Ritual ganz in Ruhe durchführen kannst. Plane circa eine Stunde dafür ein. Nimm dir für den restlichen Tag nach deinem Schwellen-Ritual nichts Großes mehr vor. Schau, dass es dir möglich ist, den Tag ruhig ausklingen zu lassen.

Überlege dir, über welche Schwelle du im Ritual gehen möchtest. Sie kann real in deiner Wohnung existieren und zum Beispiel von einem Raum in den anderen führen. Oder du legst vor dem Ritual eine Schwelle an eine von dir bestimmte Stelle auf den Boden.

Du kannst das Schwellen-Ritual drinnen durchführen, in einem Raum, in dem du dich sicher und wohl fühlst. Ebenso ist es möglich, das Ritual in der Natur zu vollziehen. Dann ist es wichtig, dass du einen ungestörten Platz findest, an dem du dich sicher fühlst und ganz für dich sein kannst. Achte darauf, dass du alles hast, was du brauchst, um dich während deines Schwellen-Rituals gut begleitet zu wissen.

Ablauf

1. **Lege dir eine passende Schwelle:** Wenn du nicht eine vorhandene Schwelle in deiner Wohnung nutzen möchtest oder kannst, kannst du an deinem Ritualort eine symbolische Schwelle aus einem Stock, einem Stab oder einem zusammengerollten Tuch legen. Mithilfe dieser Schwelle definierst du zwei Seiten: dein bisheriges Leben, so, wie es einmal war (auf der einen Seite der Schwelle), und dein neues, noch unbekanntes Leben (auf der anderen Seite der Schwelle).

2. **Definiere, welcher Raum sich auf welcher Seite der Schwelle befindet:** Auf welcher Seite ist das bekannte, bisherige Leben, in dem du jetzt gerade stehst? Auf welcher Seite ist der neue, noch unbekannte Raum? Benenne beide Seiten.

3. **Den Schritt über die Schwelle gehen:** Wenn du alles hast, was du brauchst, um gut von einer Seite auf die andere zu gehen, stelle dich bewusst auf die Seite der Schwelle, die du als das Bisherige, Vertraute, Alte definiert hast. Spüre noch einmal in diesen Raum hinein. Sei ganz da. Nimm seine Qualität wahr. Verweile einen Moment oder länger in ihm. Wenn du magst, kannst du auch einen Dank an ihn aussprechen.

Wenn du soweit bist, mache dich innerlich bereit, die Schwelle zu überschreiten. Stelle dich vor sie und spüre, dass du sie gleich überschreiten wirst. Es ist ein großer Schritt, ein bewusster Schritt. Ein Schritt, der dich rituell von einem Raum in den nächsten führen wird. Von dem, was einmal war, hin zu dem, was kommen wird.

Wenn der Impuls dazu kommt, mache den Schritt über die Schwelle, gehe ihn bewusst. Halte inne hinter der Schwelle. Willkommen im neuen Raum. Nimm dir Zeit zum Ankommen. Wie fühlt sich der Boden unter deinen Füßen an? Wie fühlt es sich an, hier zu stehen? Welche Qualität hat dieser neue Raum? Wie erlebst du dich in diesem Raum? Nimm für einige Minuten einfach nur wahr. Wenn du spürst, es ist genug, komme zu einem Abschluss.

Bedanke dich bei diesem neuen Raum, dass du den Schritt in ihn hinein machen konntest. Bedanke dich für das, was sich dir gezeigt hat. Dann tritt links oder rechts aus dem definierten, neuen Raum heraus. Du bist jetzt wieder auf neutralem Boden.

4. **Das Schwellen-Ritual abschließen:** Sprich abschließend einen Dank für die Schwelle aus, die noch auf dem Boden liegt, und für das Ritual, das du durch sie vollziehen konntest. Löse nun die Schwelle auf, indem du das Tuch, den Stock oder Stab zur Seite legst. Sie sind jetzt wieder einfach Tuch, Stock oder Stab. Mache dir bewusst, dass du dich wieder in einem ganz normalen Zimmer oder an einem ganz normalen Ort in der Natur befindest. Schließe das Schwellen-Ritual hiermit ab.

Es ist gut, dir jetzt einige Zeit für dich zu nehmen. Einen Spaziergang zu machen, einen Tee zu trinken, etwas, was deinen Kopf durchlüftet und dich zugleich mit dir selbst sein lässt. Nimm dir Zeit, um zu begreifen, zu verarbeiten und zu integrieren, was du gerade erlebt hast. Lass, wenn möglich, den Tag ruhig ausklingen. Vielleicht magst du auch aufschreiben, was du während des Rituals erlebt hast, und deine Erfahrung zu einem späteren Zeitpunkt nochmal lesen.

Merkst du, dass du direkt nach dem Schwellen-Ritual oder später mit jemandem reden möchtest, schau, wer dieser Mensch sein kann: vielleicht eine Freundin oder ein Freund, ein Familienmitglied oder jemand anderes, der dich begleitet. Du kannst dieses Gespräch auch schon vor dem Ritual vereinbaren, wenn dir das Sicherheit gibt.

ERFAHRUNGSBERICHT

Ein Badehandtuch als Schwelle

In einer meiner Partnerschaften waren wir an dem Punkt angekommen, an dem klar war, dass es eine Trennung geben würde. Wir ließen die Partnerschaft nochmal Revue passieren und sagten einander, was wir noch zu sagen hatten. Dann legten wir aus einem zusammengerollten Badehandtuch eine Schwelle mitten im Wohnzimmer. Auf der einen Seite des Handtuchs war der Raum der bisherigen Partnerschaft, auf der anderen Seite die Zeit danach – nach der Trennung. Der Raum, in dem jeder von uns wieder ganz für sich sein würde.

Dann standen wir an der Schwelle. Es war heftig, intensiv und es wurde viel geweint. Wir verabschiedeten uns vor der Schwelle, im Raum der Partnerschaft, voneinander. Hielten einander nochmal an den Händen, dankten einander für die gemeinsame Zeit. Anschließend ist jeder von uns bewusst über das Badehandtuch als Schwelle gegangen – vom bekannten in den noch unbekannten Raum. Das Ergebnis war eindrücklich: Nie zuvor habe ich eine so starke Veränderung einem Menschen gegenüber durch ein Ritual bemerkt. Als wir uns nach der Schwelle, in dem Raum, in dem jeder wieder bei sich angekommen war, nochmals umarmten, war es, als würde ich einen fremden Menschen umarmen. Und das Gefühl blieb. Auch, als wir uns einige Tage später nochmals begegneten und umarmten, spürte ich, dass der Beziehungsraum wirklich vorbei war. Es machte mir bewusst, wie sehr ein Ritual den Übergang von einem Lebensraum in den nächsten prägen kann.

> Das Schwellen-Ritual bringt dich vom bisher bekannten Zustand in deinem Leben rituell in den neuen, noch unbekannten Raum. Du vollziehst sozusagen rituell die Wandlung, die ansteht, in der du mittendrin bist oder die du im Außen bereits vollzogen hast.

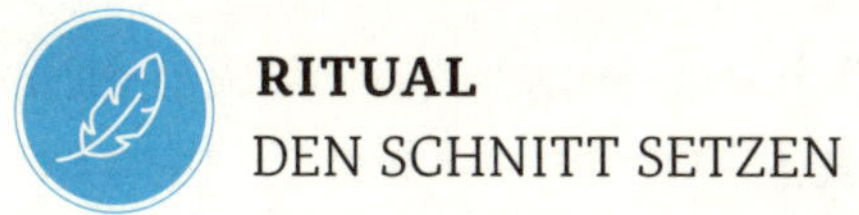

RITUAL
DEN SCHNITT SETZEN

Manchmal fordert das Leben von uns, einen klaren Schnitt zu setzen. Das macht dann Sinn, wenn du bemerkt, dass etwas in deinem Leben zwar schon länger ausgedient hat, aber immer noch Teil deines Lebens ist. Dass du in einer gewohnten Rolle verharrst, obwohl sie dir längst nicht mehr entspricht. Oder dass ein Lebensumstand dir und dem Leben nicht mehr dient, du ihn aber weiterhin lebst.

Indem du hier einen klaren Schnitt setzt, sagst du rituell: *Ich beende das, was einmal war. Ich schneide es durch.* Indem du den Schnitt setzt, stirbt etwas und etwas anderes lebt weiter. Vielleicht stirbt das Bild, das du bislang von dir hattest. Die Rolle, die du eingenommen hast. Oder die Lebensumstände, in denen du gelebt hast. Neue Möglichkeiten und Wege können sich durch deinen Schnitt zeigen. Mache dir bewusst: Es geht nicht darum, radikal alles in deinem Leben wegzuschneiden. Es geht auch nicht darum, Dinge, Menschen oder Umstände aus deinem Leben zu entfernen, die dir guttun. Es geht darum, den Schnitt bei allem zu setzen, bei dem du merkst, dass es dich nicht mehr trägt oder dir nicht mehr wohltut. Manchmal heißt das auch, einen Schnitt zu setzen, weil du spürst, dass er jetzt dran ist. Obwohl du ihn vielleicht nicht gewollt oder bewusst gesucht hast, kannst du doch in dir merken: Er steht jetzt an.

Vorbereitung

Wenn du merkst, dass es dran ist oder dir guttäte, einen klaren Schnitt zu setzen, finde einen Ort und eine Zeit, an dem das gut für dich geht. Es sollte ein Ort sein, an dem du ganz für dich sein kannst und sicherlich eine Stunde Zeit hast für dich.

Mache dir bewusst, was du schneiden möchtest – einen Lebensumstand, eine Rolle, die Zeit mit einem bestimmten Menschen oder an einem gewissen Ort. Wichtig: In diesem Ritual setzt du den Schnitt dafür. Wenn du mehrere Umstände, Beziehungen oder anderes schneiden willst, führe für jedes Anliegen dieses Ritual durch.

Entscheide, ob du dir Unterstützung bei diesem Ritual wünschst oder jemanden, der deinen Schnitt bezeugt. Schau, was du sonst brauchst, um dich wohl zu fühlen und das Ritual gut durchführen zu können.

An Material brauchst du einen Faden (circa 30 cm lang) und eine Schere.

Ablauf

1. **Nimm dir Zeit, an deinem Ort anzukommen:** Vielleicht möchtest du dir sanftes Licht anschalten, vielleicht den Platz, an dem du das Ritual machen möchtest, schön herrichten. Vielleicht passt schon alles so für dich, wie es ist. Wenn du soweit bist, lege Faden und Schere neben dich und mache es dir bequem. Der Faden steht für das, was du schneiden willst. Indem du später den Faden durchschneidest, trennst du symbolisch das durch, was bislang war und jetzt nicht mehr ist oder sein soll.

2. **Sammle dich:** Nimm dir Zeit, dich zu sammeln. Du kannst die Augen schließen oder den Blick vor dich auf den Boden richten. Vielleicht magst du eine Hand auf dein Herz legen und eine auf deinen Unterbauch, knapp unterhalb deines Nabels. Du kannst auch beide Hände auf dein Herz oder auf deinen Unterbauch legen. Komme an bei dir. Spüre dich in

deinem Körper. Nimm den Boden unter deinen Füßen wahr. Den Kontakt deines Pos zur Sitzunterlage. Spüre deine Wirbelsäule, die aufgerichtet ist und dich hält und trägt. Atme zwei-, dreimal bewusst ein und aus.

3. **Danke dir:** Erkenne, was du alles in dem, was du schneiden möchtest – ein Lebensumstand, eine Rolle, die Zeit mit einem bestimmten Menschen oder an einem gewissen Ort – geleistet hast. Wertschätze dich dafür. Erkenne gleichzeitig an, dass jetzt der Zeitpunkt gekommen ist, das Bisherige zu verabschieden und einen klaren Schnitt zu setzen.

4. **Der Moment vor dem Schnitt:** Prüfe noch einmal, ob du bereit bist, diesen Schnitt zu setzen. Merkst du, dass es jetzt Zeit ist, es zu tun, verdeutliche dir dies noch einmal. Mache es dir ganz bewusst. Wenn du merkst, dass du noch nicht bereit bist, schau, ob es etwas gibt, das du noch brauchst. Eine Unterstützung? Etwas, das vor dem Schnitt noch getan werden will? Solltest du bemerken, dass du heute keinen Schnitt setzen kannst oder willst, lass es sein – und führe das Ritual an einem anderen Tag durch. Vielleicht ist er aktuell gar nicht (oder noch nicht) dran.

5. **Finde deinen Satz:** Benenne das, was geschnitten werden soll, ganz klar und eindeutig. Solch ein Satz könnte beispielsweise lauten: *Ich schneide die Rolle als Mutter, in der Form, wie ich sie bislang gelebt habe.* Oder: *Ich beende mit dem Schnitt meine Rolle als Arbeitnehmerin beim bisherigen Arbeitgeber.* Oder: *Mit dem Schnitt beende ich mein Wohnen am bisherigen Wohnort.* Benenne, was jetzt bei dir ansteht. Formuliere es mit deinen Worten.

6. **Den Schnitt setzen:** Wenn du soweit bist, nimm den Faden, der symbolisch für das Durchzutrennende steht, in die eine Hand und die Schere in die andere Hand. Hast du eine Unterstützerin, einen Unterstützer an deiner Seite, kann dieser den Faden für dich zwischen seinen beiden Händen spannen. Wenn du alleine bist, spanne selbst den Faden zwischen den Fingern einer Hand. Mache dir noch einmal bewusst, wofür du den Schnitt setzt. Und dann, wenn du soweit bist, schneide den Faden durch.

7. **Nachspüren:** Spüre dem Schnitt nach. Dem, was sich durch deinen Schnitt in dir verändert hat: Wie fühlt es sich an, diesen Schnitt gesetzt zu haben? Wie erlebst du dich jetzt? Wie fühlst du dich? Hat sich etwas verändert? Verweile für einige Momente.

8. **Das Ritual abschließen:** Wenn du soweit bist, beende das Ritual. Nimm die beiden Fadenhälften und entscheide, was du mit ihnen machen wirst: Wirst du sie vergraben? Verbrennen? Oder etwas anderes mit ihnen machen? Du kannst dies jetzt direkt im Anschluss tun oder später. Komme in Bewegung, trinke etwas, recke und strecke dich. Das Ritual ist hiermit beendet. Was tut dir jetzt gut, um das Ritual nachklingen zu lassen? Zeit zum Aufschreiben des Erlebten, ein Spaziergang oder etwas ganz anderes?

ERFAHRUNGSBERICHT

Eine vertraute Rolle ablegen

Eine Kundin erzählte in einem Coaching frustriert davon, dass sie noch immer die Rolle der Mutter innehatte, obwohl ihre Tochter längst erwachsen und ausgezogen war. Sie fühlte sich immer noch verantwortlich für ihre Tochter und gestattete sich nicht, den Faden ihres eigenen Lebens wieder aufzunehmen. Als wir uns das Jahresrad anschauten und erkundeten, wo sie darin gerade stand, stellte sie fest, dass sie den Schnitt nicht gesetzt hatte. Sie hatte sich nicht bewusst gemacht, dass ihre bisherige Mutterrolle in der Form, wie sie sie fast 20 Jahre ausgefüllt hatte, geendet war, und sie jetzt einen neuen Lebensabschnitt beginnen durfte. Indem sie rituell bewusst den Schnitt setzte und ihre Mutterrolle in der alten Form beendete – und dies auch anschließend ihrer Tochter kommunizierte –, holte sie dies nach. Nach dem Schnitt fiel es ihr leichter, die Möglichkeiten zu sehen, die sie jetzt umgaben und herauszufinden, wie sie ihr Leben künftig gestalten wollte. Sie fand unter anderem zu einer neuen Form in der Beziehung zu ihrer Tochter, in der beide mehr Raum für sich selbst hatten und auf lockere Weise miteinander in Kontakt waren.

> Rituell einen Schnitt in deinem Leben zu machen, beendet einen Umstand, eine Rolle oder eine Situation, die vielleicht schon länger in deinem Leben besteht, jedoch nicht mehr zu dir passt, dir nicht mehr guttut oder einfach vorbei ist. Hierbei nimmst du aktiv die Rolle derjenigen oder desjenigen ein, die oder der den Schnitt im eigenen Leben setzt.

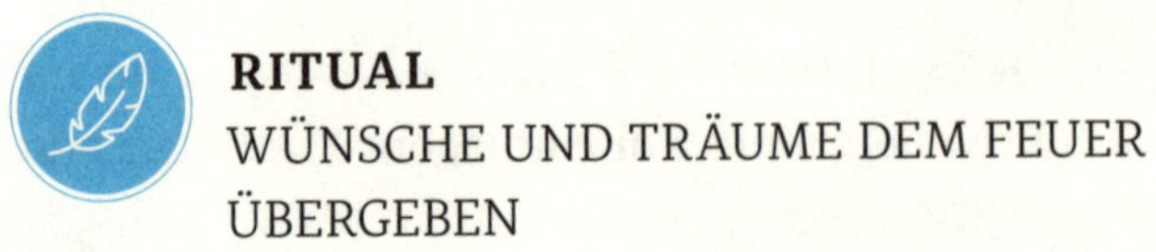

RITUAL
WÜNSCHE UND TRÄUME DEM FEUER ÜBERGEBEN

Etwas zu verbrennen, kann besonders heilsam sein für Wünsche und Träume, die nicht Wirklichkeit geworden sind. Die bislang als Idee, Wunsch oder Traum in uns existiert haben, jedoch nicht ins Leben gekommen sind. Sie können wir im äußeren Raum nicht greifen, doch wir können sie aufschreiben und auf einem Blatt Papier dem Feuer übergeben.

Das Ritual, Nicht-Gewordenes dem Feuer zu übergeben, kann schmerzhaft und zugleich befreiend sein. Weil du nicht mehr versuchen musst, mit dem Kopf durch die Wand zu laufen und etwas in die Umsetzung zu bringen, was partout nicht in dein Leben kommen will. Weil du dich mit dem Ritual wieder in das Leben einbetten kannst, in die Richtung, in die es mit dir gehen will.

Du kannst den Kinderwunsch, der sich nicht erfüllt hat, in diesem Ritual dem Feuer übergeben. Den Wunsch, auf eine bestimmte Art zu leben, wenn du weißt, dass er sich nicht erfüllen wird. Die Hoffnung auf ein längeres Leben, wenn du weißt, dass du bald sterben wirst. Oder die Wünsche und Träume, die du mit einem Partner oder einer Partnerin hattest, die sich mit diesem Menschen aufgrund von Tod oder Trennung jedoch nicht mehr erfüllen lassen. Alles, was nicht geworden ist, hat Platz in diesem Feuer. All das darf dem Feuer der Verwandlung übergeben werden. Es ist damit nicht weg, doch es wird transformiert, gewandelt. Wenn du an das Bild von dem Phönix aus der Asche denkst, ist es vergleichbar mit diesem Prozess: Du gibst etwas ins Feuer, das dadurch stirbt, und etwas Neues, von dem du jetzt noch nicht weißt, was es sein wird, wird dadurch geboren. Vielleicht möchtest du mit einem beziehungsweise einer oder mehreren Freunden oder Freundinnen gemeinsam dieses Ritual durchführen. Vielleicht wünschst du dir jemanden, der dabei singt oder trommelt. Oder einfach einen Menschen, der mit dir ist und bezeugt, was du erlebst. Schau, was du brauchst und was dir jetzt guttut.

Vorbereitung
Wähle einen Platz, an dem du das Ritual durchführen möchtest. Überlege, wo du die Möglichkeit hast, in einem sicheren Rahmen ein Feuer zu machen. Das kann eine Feuerschale im Garten oder an einem anderen Platz in der Natur sein, eine Grillstelle, ein Strand oder etwas ganz anderes. Wenn möglich, solltest du dabei ungestört und für dich sein oder zumindest dich wohlfühlen können an dem Ort.

Entscheide, ob du einen Menschen an deiner Seite haben möchtest während des Rituals und wenn ja, wer es sein soll. Wähle ebenfalls, ob deine Begleitung eine bestimmte Funktion haben – ein bestimmtes Lied singen, die Trommel schlagen – oder einfach da sein soll. Frage sie, ob sie mitmachen mag. Wenn ja, erkläre ihr, wie das Ritual ablaufen und was ihre Rolle dabei sein wird. Frage sie, ob das so passend für sie ist. Falls nicht, finde eine andere Person, die dich begleitet. Wer immer es ist, stimme dich mit ihr gemeinsam auf das Ritual ein.

Ablauf

1. **Notiere, was du dem Feuer übergeben magst:** Schreibe das, was du dem Feuer übergeben willst, auf einen Zettel – falls du es nicht schon vorab getan hast. Nimm dir dafür so viel Zeit, wie du brauchst. Du kannst Stichworte aufschreiben oder ganze Sätze. Notiere den Wunsch, den Lebens-

traum, der unerfüllt geblieben ist und den du jetzt dem Feuer übergeben möchtest. Benutze für jeden Wunsch und Traum einen eigenen Zettel.

2. **Entzünde das Feuer:** Bereite nun das Feuer vor – schichte das Holz entsprechend auf und zünde es an. Vielleicht möchtest du währenddessen ein Lied singen oder eine Melodie summen, die du gerne hast oder die dich stärkt.

3. **Verweile am Feuer:** Nimm am Feuer Platz, wenn es brennt, und verweile für einige Zeit an ihm. Mache dir nochmals bewusst, was du gleich dem Feuer übergeben wirst. Bereite dich innerlich darauf vor, und spüre, wann der richtige Moment gekommen ist.

4. **Übergib die Wünsche und Träume dem Feuer:** Gib jetzt den oder die vorbereiteten Zettel ins Feuer. Mit ihnen hast du zugleich deinen unerfüllten Wunsch, deinen nicht wahr gewordenen Traum dem Feuer der Verwandlung übergeben. Singe, wenn du magst, das Lied *Feuer der Verwandlung*[8] von Simone Gantner dazu.

Feuer der Verwandlung

Was ausgedient hat, brenne,
im Feuer der Verwandlung,
wir vertrau'n dem leeren Raum,
wir vertrau'n dem leeren Raum.

Wenn du gerade keine Möglichkeit hast, das Lied anzuhören (den Link zum Lied findest du im Literaturverzeichnis), kannst du auch eine eigene Melodie zum Text finden. Mache dir beim Singen bewusst: Was *ausgedient* hat, brenne – es geht nicht darum, dass alles verbrennt oder nicht mehr da ist, sondern darum, dass das aus dem Leben verabschiedet wird, was ihm nicht mehr dient, was nicht mehr trägt, nicht mehr vorhanden oder bereits im Sterben begriffen ist. Vielleicht kommt dir auch ein anderes Lied in den Sinn, das du singen magst, oder ein paar Worte, die du sprechen möchtest. Ein Dank, ein Abschied. Schau zu, wie die Wünsche und Träume im Feuer gewandelt werden. Wie aus dem Papier Asche wird und wie das Feuer nach und nach herunterbrennt. Bleibe so lange am Feuer, bis nur noch Glut vorhanden ist oder es ganz erloschen ist. Schau, was dir möglich ist.

5. **Finde einen für dich stimmigen Abschluss:** Vielleicht möchtest du noch ein Lied singen, einen Dank oder einen Segen aussprechen oder dir etwas Stärkendes von diesem Ort mitnehmen – das kann eine Blume sein, die dich anspricht, ein Stein, ein Stück Holz, ein Blatt oder etwas anderes. Bedanke dich bei diesem Ort, dass du hast hier sein dürfen. Und erlaube dir den leeren Raum zu fühlen, der entstanden ist. Du musst noch nicht wissen, was hierin entsteht. Du darfst dem Neuen einfach Raum geben. Achte darauf, dass das Feuer gelöscht ist, bevor du den Ort verlässt.

Tue dir anschließend etwas Gutes. Vielleicht möchtest du einen Spaziergang machen, eine Tasse Tee oder Kakao trinken, in der Sonne sitzen, dir die Füße massieren, dich umarmen oder halten für einige Minuten, dich zuhause auf dem Sofa zusammenkuscheln oder mit einem lieben Menschen sprechen. Schau, was du jetzt brauchst, und sorge gut für dich.

ERFAHRUNGSBERICHT

Das Geburtstagsritual

Um den Übergang von den 20ern in die 30er Jahre bewusst zu begehen, buchte ich zu meinem 30. Geburtstag ein Ritual. Ich wollte die Wünsche und Träume, die ich in mir trug, stärken. Simone Gantner, die das Ritual als Ritualbegleiterin mit mir durchführte, lud mich ein, im Vorfeld all meine Wünsche und Träume aufzuschreiben und sie mitzubringen. Ich jubilierte: All diese Wünsche und Träume würden wir stärken, sodass sie leichter Wirklichkeit werden könnten. Vor Ort bei Simone zeigte sich jedoch ganz schnell, dass gerade vieles in meinem Leben dabei war zu sterben. Statt Aufbruchsstimmung und Umsetzungskraft zeigte sich überall ein Loslassen und Sterbenlassen. Das war mir vorher nicht bewusst gewesen. Oder: Ich hatte es nicht sehen und wahrhaben wollen. So entschieden wir, im Ritual die Wünsche und Träume dem Feuer zu übergeben. Nicht, damit sie Wirklichkeit wurden, sondern um dem Sterbeprozess Raum zu geben. Damit sich das würde zeigen können, was wirklich in meinem Leben kommen wollte. Ich hielt die Blätter Papier mit den aufgeschriebenen Wünschen ins Feuer, Simone sang dazu ihr Lied Feuer der Verwandlung. *Ich war traurig, wütend, weil doch alles hatte anders kommen sollen. Und doch spürte ich schon dort, dass es stimmig war. Dass so vieles am Sterben war und schon gestorben war, ob ich es wollte oder nicht. Das Lied gab mir die Kraft, in den leeren Raum dahinter zu vertrauen. Und mich dem Wandel hinzugeben, der auf mich wartete und bereits in Gange war.*

Indem du rituell Wünsche und Träume, die nicht ins Leben gekommen sind, dem Feuer der Verwandlung übergibst, erlaubst du, dass Raum für Neues in deinem Leben entsteht. Statt weiterhin krampfhaft zu versuchen, sie zu realisieren, gibst du Raum für das, was in deinem Leben kommen will.

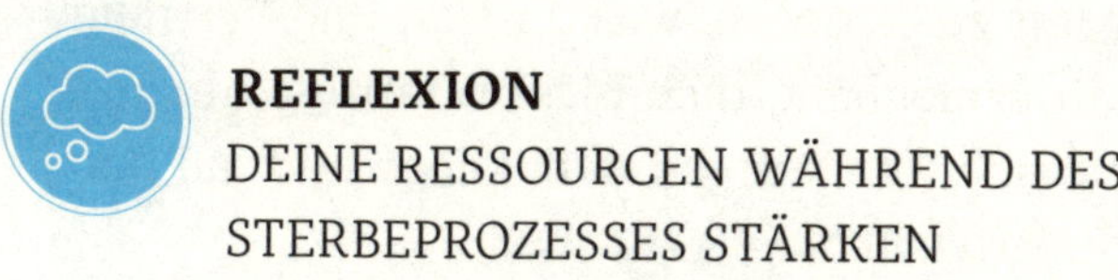

REFLEXION

DEINE RESSOURCEN WÄHREND DES STERBEPROZESSES STÄRKEN

Spüre folgenden Fragen während des Sterbeprozesses in der ersten Phase der Schwellenzeit immer mal wieder nach.

- Was hilft dir, das Sterben zuzulassen? Oder auch: wer? Vielleicht auch: Welche Kraft unterstützt dich dabei, das Sterben zuzulassen – ist es der Mut, die Zuversicht, die Gewissheit, am richtigen Ort zu sein oder etwas anderes?
- Was gibt dir inneren Halt?
- Gibt es eine größere Kraft, an die du dich in deinem Schmerz wenden kannst?
- Welcher Kraft kannst du dich anvertrauen? Ist es die Natur, die Erde, ist es Gott, ist es eine spirituelle Kraft, die du benennen kannst?
- Gibt es einen Zufluchtsort, der dir jetzt besonders wohltut, der dich trägt und stärkt? Ob in der Natur, in deinem Zuhause oder auch in deinem Inneren.

Schreibe deine Antworten auf. So kannst du sie jederzeit nachlesen und dich an deine Ressourcen in diesem Prozess erinnern.

Schön ist es auch, dich zu fragen, in was du dich hineinlegen kannst, was dir jetzt ganz konkret Halt, Wärme, Geborgenheit gibt. Vielleicht ist es eine Wiese, eine Decke, ein Schaffell, ein Kissenberg. Vielleicht möchtest du extra viele Kissen oder Decken auf deinem Bett oder Sofa arrangieren, um so für dich einen Ort des Wohlfühlens und der Stärkung in dieser Zeit zu gestalten.

> Im Sterbeprozess zu erinnern, was dir Halt und Vertrauen gibt und es dir ermöglicht, dich diesem Prozess hinzugeben, kann hilfreich sein, um mit dem Leben und mit dem, was jetzt ist, mitzugehen.

TRAUERN

Zu trauern, wenn wir umziehen (müssen), den Job verlieren oder unsere Lebensträume sich nicht verwirklichen, kommt uns oft gar nicht in den Sinn. Vielmehr versuchen wir häufig, schnell neue Wege und Lösungen zu finden, unseren Fokus woandershin zu lenken oder uns zu sagen, dass wir uns nicht so haben sollen – war ja nur ein Job, ein Wohnort, ein Traum.

Doch die erste Phase der Schwellenzeit, in der das Vertraute nicht mehr da ist, ist neben der Zeit des Sterbenlassens auch eine Zeit des Trauerns. Die Trauer zeigt uns, dass das, was nicht mehr ist, uns am Herzen lag. Dass es wichtig war für uns. Dass wir unser Leben nicht ohne es leben wollen – zumindest hatten wir das nicht geplant.

Die Trauer ist ein gesunder Prozess, der uns vom bisherigen Zustand in den neuen Zustand bringt. Sie bildet sozusagen eine Brücke zwischen dem Alten und dem Neuen. Die Trauer hilft uns anzuerkennen, was geschehen ist. Indem wir ihr – mit all den Gefühlen, die dazugehören, wie Wut, Unverständnis, Angst, Ärger, Enttäuschung und Traurigkeit – Raum geben, bewegen wir uns selbst weiter. Wir erleben alle Gefühle, die mit dem Abschied des Vertrauten zusammenhängen und vielleicht auch mit der Angst und Ungewissheit vor dem Neuen. Indem wir so durch das sprichwörtliche Tal der Tränen gehen, wird es uns möglich, gewandelt auf der anderen Seite herauszukommen.

Tränen reinigen und ermöglichen ein tiefes Loslassen. Vielleicht geht deine Trauer aber auch ohne Tränen einher und sie drückt sich auf andere Weise aus. Auch das ist in Ordnung. Wichtig ist, zu spüren, dass du traurig bist, und der Trauer Zeit und Raum zu geben. Du musst sie nicht wegmachen, du musst sie nicht verändern, sie darf sein. Je mehr du ihr erlaubst, in deinem Leben zu sein, umso schneller wandelt sie sich – und dich. Trauer ist ein heilsamer Prozess, keiner, für den du dich schämen musst. Egal, wie lange er dauert. Es ist ein gesunder Prozess, weil die Trauer zeigt, dass du nicht im Widerstand feststeckst, sondern dir erlaubst, weiterzugehen – das Sterben anzuerkennen und um das zu trauern, was nicht mehr ist. Zu trauern heißt, dir bewusst zu werden, was geschehen ist, es zu verarbeiten und schließlich zu integrieren. Die folgenden Rituale und Übungen können dich in diesem heilsamen Prozess unterstützen.

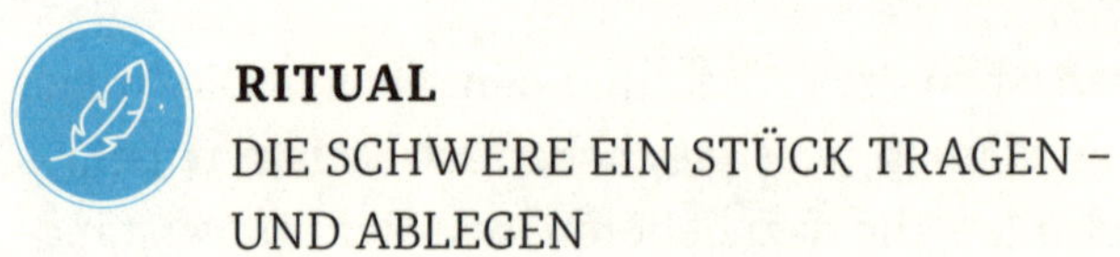

RITUAL
DIE SCHWERE EIN STÜCK TRAGEN – UND ABLEGEN

Als mein Großvater vor einigen Jahren gestorben ist, war das für mich sehr schwer. Wir hatten ein inniges Verhältnis, er war ein wichtiger Mensch in meinem Leben. Ich habe es mir damals zu einem Ritual gemacht, die Schwere und den Schmerz, die mit der Trauer einhergingen, sichtbar zu machen: Indem ich sie auf meinen regelmäßigen Spaziergängen bewusst ein Stück mit mir getragen und sie dann abgelegt habe. Auf meiner täglichen Spaziergehrunde kam ich an einem Brunnen am Waldrand vorbei. Einem schönen Brunnen, ganz natürlich, aus Holz geschnitzt. Um den Brunnen herum standen hohe Buchen, lagen Äste auf dem Boden, Blätter und Steine. Ich musste eine ganze Weile den Berg hinauflaufen, um bei diesem Brunnen anzukommen. Wenn ich losging, suchte ich mir zunächst einen Stein und definierte, wofür er diesmal stand: Für die Trauer, dass mein Großvater jetzt nicht mehr da war. Für den Schmerz und das Unvorstellbare, ihn nicht in die Arme schließen und mit ihm reden zu können. Oder was immer mich an diesem Tag beschäftigte.

Ich nahm also einen Stein, entschied, wofür er heute stand, und trug ihn hoch zum Brunnen. Es waren Steine von einer Größe, wie sie gut in eine Hand passten, mal kleiner, mal größer. Auf dem Weg den Berg hinauf sann ich in Gedanken über das nach, was ich in den Stein gegeben hatte. Ich spürte meine Trauer, die Schwere, die Angst, die Traurigkeit. All das nahm ich deutlich in meinem Körper wahr. Ich sah die Farbe meiner Gedanken, merkte, ob sie heute eher Schwarz, Grau oder auch bunt war. Der Weg hinauf war geprägt von den Gefühlen, die ich mit dem verband, was ich in den Stein gegeben hatte.

Oben angekommen legte ich den Stein dann ganz bewusst neben dem Brunnen ab. Symbolisch legte ich den Schmerz, die Schwere, das, was mich beschäftigte, nieder. Anschließend wusch ich mir die Hände in dem kalten Wasser des Brunnens und stellte mir vor, wie das Wasser mich von den Gefühlen, die ich diesmal mit mir ein Stück getragen und dann abgelegt hatte, reinigte. Für mich war es eine Möglichkeit, mich einerseits bewusst mit dem Schmerz und der Trauer zu beschäftigen, sie zu fühlen und zu erleben. Und gleichzeitig einen Ort in der Natur zu haben, an dem ich diese Trauer auch einmal ablegen durfte. Nicht in dem Sinne, dass sie dadurch weg sein musste oder sollte. Sondern einfach, dass ich sie nicht die ganze Zeit mit mir zu tragen brauchte. Dass ich sie der Natur übergeben durfte und selbst Erfrischung und Stärkung durch das klare Wasser des Brunnens erfahren konnte. Ich fühlte mich immer leichter und gestärkt, wenn ich vom Brunnen wieder zurück, den Berg hinunter, nach Hause lief. Die Trauer war nicht weg, aber ich hatte nicht mehr das Gefühl, sie alleine bewältigen zu müssen. Ich hatte Stärkung und Kraft in der Natur und am Brunnen erlebt.

Möchtest du die Schwere ein Stück tragen – und dann ablegen? Vielleicht hast du ebenfalls einen Bach, einen Brunnen, einen Teich, einen See oder das Meer bei dir in der Nähe. Wenn nicht, kannst du eine Schale mit Wasser in der Nähe deiner Wohnung aufstellen – im Garten, vor dem Haus oder anderswo. An einem Ort, der nahe bei deinem Zuhause ist und der dir gut gefällt. Zugleich sollte er sich außerhalb deiner Wohnung oder deines Hauses befinden, sodass du zu ihm gehen und etwas dort ablegen kannst. Sodass du das Ritual – den Akt des Gehens, des Steinaufhebens, des Fühlens, des Steinablegens –

damit verbinden kannst, dir dort neue Kraft zu holen und einen Moment des Aufatmens zu verschaffen. Wähle dabei jedes Mal neu, wofür der Stein steht, den du in die Hand nimmst: Was gibst du in den Stein hinein, dass du nicht länger tragen kannst oder magst? Fühle den Schmerz, die Schwere, die Traurigkeit oder welches Gefühl auch immer damit verbunden ist. Nimm es bewusst in deinem Körper wahr. Wo kannst du es spüren? Erlaube, dass es da sein darf, dass du es fühlen und zugleich dem Stein übergeben kannst. Nimm es so lange bewusst wahr, bis du an dem Gewässer oder deiner Schale mit Wasser angekommen bist. Bedanke dich bei dem Stein für sein Dasein und dass er das, was du in ihn hineingegeben hast, für dich trägt, und lege ihn ins oder ans Wasser. Wenn es eine Schale, ein Fluss, Bach, See oder Teich ist, vielleicht auch das Meer, kannst du den Stein direkt ins Wasser legen – so kann alles fortgetragen werden mit dem Wasser, das du in den Stein hineingegeben hast. Ist es ein Brunnen, der verstopfen könnte, lege den Stein daneben. Ich habe den Stein immer in die Nähe des Wasserablaufs des Brunnens gelegt, sodass er ebenfalls mit Wasser benetzt und abgespült werden konnte. Ebenso konnte der Regen auf ihn tropfen. Wenn du magst, wasche anschließend deine Hände in dem Gewässer. Du kannst, wenn es möglich ist, auch deine Unterarme mit eintauchen. Spüre die angenehme Frische des Wassers. Kehre dann zu dir nach Hause zurück, in dem Wissen, dass es durch das, was du abgelegt hast, ein Stück weit leichter geworden ist.

> Rituell die Schwere, die Traurigkeit und den Schmerz ein Stück weit mitzutragen, zu fühlen und dann abzulegen, erlaubt dir, allen Gefühlen Raum zu geben und zu erfahren, wie Erleichterung sich einstellt im Zusammenspiel mit

der Natur. Auch erkennst du so, dass du weit mehr bist als deine Gefühle, auch wenn diese dein Leben aktuell prägen und wichtiger Teil deines Trauerprozesses sind.

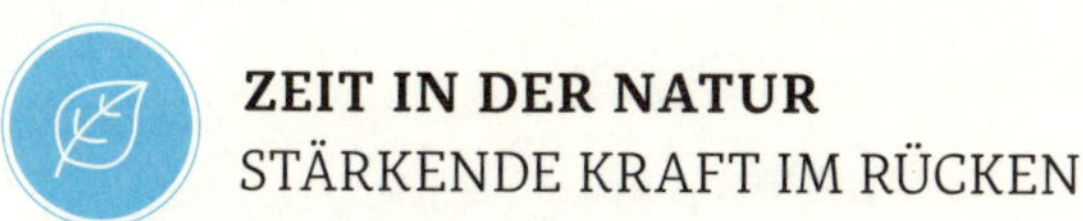

ZEIT IN DER NATUR
STÄRKENDE KRAFT IM RÜCKEN

Wir brauchen oft das Gefühl, uns anlehnen und loslassen zu können, um Trauer und Tränen wirklich zuzulassen. Die Natur kann uns hier ein wohlwollendes Gegenüber sein – sie stellt keine Fragen, will nichts von uns und auch nicht, dass es uns schnell wieder bessergeht. Hier dürfen wir sein. Möchtest du die stärkende Kraft der Natur spüren, suche einen Baum, an den du dich anlehnen oder ganz nah an ihn dransetzen kannst. Vielleicht steht dieser Baum in deinem Garten, in einem Park oder im Wald. Vielleicht entdeckst du ihn an einem anderen Ort. Lehne dich an, nimm ein paar bewusste Atemzüge, schließe, wenn du magst, deine Augen und spüre seine stärkende Kraft in deinem Rücken. Solltest du keinen passenden Baum finden, kann es auch ein größerer Stein sein, auf den du dich legen oder an den du dich anlehnen und die stärkende Kraft spüren kannst. Besonders wenn der Stein von der Sonne noch gewärmt ist, kann das sehr angenehm sein. Wenn es dir gerade schwerfällt, in die Natur zu gehen, kann es auch der Schrank in deinem Wohnzimmer oder Schlafzimmer sein, an den du dich anlehnst. Ich habe die Erfahrung gemacht, dass selbst ein Schrank im Rücken mir eine stärkende Kraft vermitteln und ich mich mit seiner Unterstützung leichter auf meine Gefühle einlassen kann.

> Eine stärkende Kraft im Rücken kannst du dir durch einen Baum, einen Stein oder auch durch einen Schrank holen. Wichtig ist zu fühlen, dass da etwas ist, das dich stützt. Dadurch fällt es oft leichter, Tränen und Gefühle zuzulassen und mit ihnen zu sein.

ÜBUNG
TRAUERN IN BEWEGUNG

Nimm dir an den Tagen, an denen die Trauer akut da ist, 15 Minuten lang Zeit, um über sie zu schreiben. Wenn du nicht gerne schreibst, kannst du auch malen oder zeichnen. Es geht nicht darum, schön zu malen oder zu schreiben. Sondern darum, das zum Ausdruck zu bringen, was in dir ist. Schreibe alles auf, was dich beschäftigt. Zensiere nicht. Verbringst du auf diese Weise jeden Tag, an dem sie akut ist, eine Viertelstunde mit der Trauer, bekommt sie Raum in deinem Leben und darf sein.

Nimm zu Beginn des Schreibens den Stift in die Hand und folge ihm. Du musst nicht wissen, wo du rauskommst. Dein Text muss keinen Sinn ergeben. Schreibe (oder male) einfach. Halte deine Hand in Bewegung. So lange, bis die 15 Minuten vorbei sind – stelle dir am besten vorher einen Wecker. Weißt du nicht, worüber du schreiben sollst, kannst du damit anfangen zu beschreiben, wie du dich gerade fühlst: Wo spürst du die Trauer in deinem Körper? Wie fühlt sie sich an? Zeigt sie sich an einer bestimmten Stelle? Wie nimmst du sie hier wahr? Die Trauer kannst du auch zeichnen, so, wie du sie gerade wahrnimmst. Es kann sein, dass sie jeden Tag eine andere

Form oder Farbe hat. Einen anderen Namen, ein anderes Aussehen – so, wie es dir gerade geht.

Lege nach den 15 Minuten Stift und Papier zur Seite und stelle dir Musik an. Ein Lied, zu dem du gerne tanzt. Es darf wild, ruhig, sachte, intensiv, lustig oder wie auch immer sein. Am besten ist es, wenn es dich leicht in Bewegung bringt. Tanze ein Lied lang zu dem, was du gerade schreibend oder malend bewegt hast. Bringe es über deinen Körper zum Ausdruck. Auf diese Weise kann es sich nochmal weiterbewegen und in dir verarbeitet werden. Bleibe, wenn das Lied zu Ende ist, einen Moment lang stehen: Was nimmst du jetzt in deinem Körper wahr? Wie fühlt er sich an? Welches Gefühl ist da? Es geht nicht darum, die Trauer zu verändern oder wegzumachen, sondern einfach darum, mit ihr zu sein – im Schreiben, im Malen, im Tanzen. Ihr bewusst einen Platz in deinem Tagesablauf zu geben, an dem du mit ihr in Kontakt trittst und damit auch dich selbst wieder spürst.

> Indem du dir einmal täglich bewusst Zeit für deine Trauer nimmst, schenkst du ihr Zeit und Raum. Schreibend oder malend bringst du zum Ausdruck, was sie in dir bewegt, und kommst anschließend über den Körper selbst in Bewegung. So kann sich das Erfahrene und Geschriebene oder Gemalte neu ordnen und sortieren in dir.

ERSTE-HILFE-BOX für die Phase, in der das Vertraute nicht mehr da ist

- Regelmäßige Mahlzeiten, ausreichend Schlaf, Zeit für dich und Momente des Nichtstuns sind in dieser Phase sehr stärkend.
- Es ist nicht nötig, alles alleine zu schaffen: Du kannst Freundinnen und Freunde, Nachbarinnen und Nachbarn und Familienmitglieder um Hilfe und Unterstützung bitten, indem du ihnen konkret sagst, wie sie dich unterstützen können.
- Brauchst du professionelle Unterstützung – durch einen Coach, eine Coachin, durch einen Therapeuten oder eine Therapeutin oder eine anderweitig ausgebildete Fachperson, erlaube dir, dir diese Unterstützung zu holen.
- Auch wenn dir nicht nach Rausgehen zumute ist: Ein Spaziergang kann den Blick weiten und das Herz für einige Augenblicke leichter machen.
- Rituale können den Sterbeprozess, den du erfährst, begleiten und bewusstmachen:
    - → Steht ein klarer Schnitt an, kannst du das Ritual *Den Schnitt setzen* für dich nutzen.
    - → Gibt es unerfüllte Wünsche und Träume, kannst du sie im Ritual *Wünsche und Träume dem Feuer übergeben* ins Feuer der Verwandlung geben.
    - → Möchtest du die Wandlung vom Bekannten ins Neue sichtbar machen, kannst du das Ritual *Über die Schwelle gehen* für dich anwenden.
- Mit dem Ritual *Die Schwere ein Stück tragen – und ablegen* und der Zeit in der Natur *Stärkende Kraft im Rücken*, kannst du die Schwere der Trauer für einen Moment ablegen und zur Ruhe kommen lassen.

- Mit der Übung *Trauern in Bewegung* erlaubst du der Trauer, da zu sein in deinem Leben. Sie wird gesehen und kann sich dadurch weiterentwickeln und wandeln, ohne festzustecken.

Reflexionsfragen

- Sind deine Grundbedürfnisse erfüllt?
- Wer kann dich unterstützen und womit (ganz konkret)?
- Was hilft dir, das Sterben zuzulassen? Wer oder was gibt dir Halt?
- Warst du heute schon an der frischen Luft?
- Kannst du dir erlauben, die Trauer zuzulassen? Was braucht es dafür?
- Wer oder was stärkt dir den Rücken?
- Was erlebst du, wenn du mit deiner Trauer in Bewegung kommst – schreibend, malend, spazierend?

Stärkungssatz

Sterben(lassen) und Trauern braucht Kraft – deshalb ist es jetzt besonders wichtig, meine Grundbedürfnisse zu erfüllen. Ich darf mir Zeit und Raum zum Trauern und für das Sterben(lassen) nehmen. Bei Bedarf kann ich mir Unterstützung holen.

Das Wesentliche auf einen Blick

- Sorge gut für dich und achte darauf, dass deine Grundbedürfnisse erfüllt sind. Dadurch, bekommst du die Kraft, dich deiner Trauer und dem Sterbeprozess zuzuwenden.
- Trauer ist ein natürlicher Prozess. Indem wir trauern, bewegen wir uns weiter und erlauben dem Sterbeprozess zu geschehen, ohne dass wir im Widerstand steckenbleiben.

- Sterben(lassen) und Trauer(n) sind oftmals sehr herausfordernd. Wir dürfen Unterstützung annehmen, um sie bitten und sie in Anspruch nehmen, um gut durch diese Phase zu kommen. Dabei kannst du private wie professionelle Unterstützung nutzen.
- Das Sterbenlassen braucht Zeit – es lässt sich durch das Anwenden von Ritualen nicht beschleunigen. Rituale können jedoch den Übergang, in dem wir uns gerade befinden, bezeugen, bewusstmachen und uns helfen, ihn vertrauensvoll zu vollziehen.

PHASE 2: DER TIEFSTE PUNKT

*Oftmals ist das Stück des Weges,
auf dem wir denken, wir sterben,
das wichtigste auf der ganzen Reise.*

Du hast sterben lassen, was aus deinem Leben gehen wollte oder gegangen ist, du hast deiner Trauer Zeit und Raum gegeben, sodass sie sich wandeln konnte, und bist nun am tiefsten Punkt angekommen. In dem Moment, in dem du nichts mehr in Händen hältst. Der Sterbeprozess ist vorbei – das Neue noch nicht da. Du stehst auf der Schwelle. Hier treffen sich Leben und Tod: Etwas von dir ist gestorben – dein gewohntes Umfeld, die vertrauten Lebensumstände, das Bild, das du von dir selbst hattest oder etwas anderes – und hat für das Neue, das noch nicht da ist, die Tür geöffnet. Was es sein und was kommen wird, weißt du noch nicht.

Der Tod ist unvertraut – wir haben in unserem Leben kaum Berührungspunkte mit ihm. Stirbt ein Mensch, findet das oft hinter verschlossenen Türen statt. Nur höchst selten sehen wir einen toten Menschen, wenn überhaupt. Ich denke, das hat mit dazu geführt, dass uns der Tod so unvertraut ist. Dass wir ihn am liebsten nicht haben wollen und oft Angst vor ihm haben. Zugleich können wir in der Stunde des Todes erleben, dass ein gewisser Frieden da ist – das Kämpfen und Ringen hat aufgehört, es gibt nichts mehr zu tun.

Diese Erfahrung können wir auch machen, wenn eine Beziehung oder Freundschaft geendet hat, eine Kündigung vollzogen oder die Diagnose einer schweren Krankheit wirklich in uns eingesickert ist. Wenn wir nicht mehr kämpfen gegen das, was ist, und nicht mehr festhalten wollen an dem, was war. Der Moment des Todes entspricht dem tiefsten Punkt während einer Schwellenzeit. Es ist der Moment, in dem wir den Kampf beendet haben, das Schwert des Kampfes niedergelegt haben und mit leeren Händen dastehen. Wir sehen, wie die Dinge sind. Wir erkennen, was ist und was nicht mehr ist. Und wir erlauben, dass es so ist. Es ist ein Moment, der mit großer Akzeptanz einhergeht – anzunehmen, was ist, ohne es schönreden zu wollen. Vielleicht ist es eine Erkenntnis, die uns in solch einem Moment geschenkt wird. Eine Erkenntnis, wie sie nur der Tod uns bringen kann. Die nachfolgende Übung, das Ritual und der Schwellengang machen dich vertraut mit dem tiefsten Punkt und unterstützen dich dabei, ihn geschehen zu lassen und wahrzunehmen, was gerade geschieht. Du wirst sehen, dass Leben und Tod miteinander Hand in Hand gehen, und dass das Neue durch das Stehen auf der Schwelle möglich wird.

ÜBUNG
TIEFPUNKTE VERÄNDERN UNS

Oftmals wünschen wir uns ja, dass wir die Tiefpunkte in unserem Leben nicht hätten erleben müssen. Doch ist das wirklich so? Was haben die Tiefpunkte, diese Nullpunkte, an denen sich oftmals unser ganzes Leben neu ausgerichtet hat, eigentlich in unserem Leben verändert? Wie haben sie uns verändert? Das erkundest du in der folgenden Übung.

Nimm dir eine halbe Stunde oder länger Zeit, um zurückzuschauen auf die Tiefpunkte in deinem Leben. Dafür brauchst du Stift und Papier und einen Ort, an dem du dich wohlfühlst.

Lass dann folgende Fragen in dir anklingen und schreibe die ersten Gedanken auf, die dir dazu in den Sinn kommen.

- Wer wärst du ohne die Tiefpunkte in deinem Leben?
- Wer bist du mit ihnen?
- Was ist durch sie möglich geworden?
- Welche Kraftquellen, Kräfte, Eigenschaften und Fähigkeiten von dir, hast du durch sie entwickelt, gefunden oder erlebt?
- Was hast du an den Tiefpunkten Neues über dich erfahren?
- Welche Frau, welcher Mann bist du mit den Tiefpunkten in deinem Leben geworden?

Notiere alles, was dir einfällt. Schreibe einfach. Wenn du das Gefühl hast, es ist genug, lege den Stift zur Seite.

Mache eine Pause: Koche dir einen Tee, gehe an die frische Luft, bewege dich.

Lies anschließend deine Notizen nochmals durch: Gibt es noch Ergänzungen? Etwas, das noch aufgeschrieben werden will? Schreibe es dazu. Und dann überlege, welches Bild von dir sich durch die Tiefpunkte deines Lebens ergibt. Was ist durch sie für dich möglich geworden? Notiere die Antwort. Arbeite sie heraus. Spüre ihr nach.

> Bewusst zu schauen, was in unserem Leben durch die Tiefpunkte darin möglich geworden ist, gibt uns ein erweitertes Bild von uns selbst. Wir sehen nicht mehr nur, was nicht geworden ist oder was uns passiert ist, sondern auch, welche Kräfte und Fähigkeiten, welche Eigenschaften wir genau durch diese Tiefpunkte entwickelt haben.

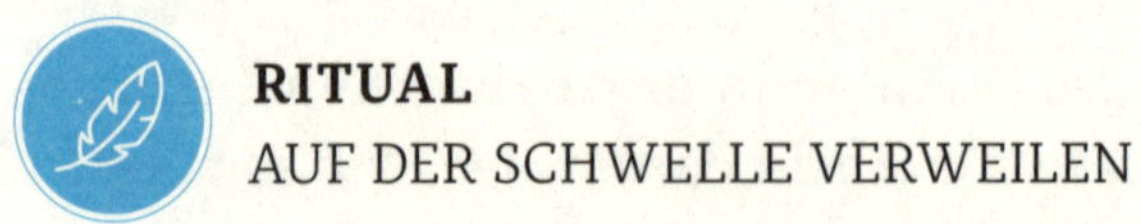

RITUAL
AUF DER SCHWELLE VERWEILEN

Die Schwelle verbindet das Alte mit dem Neuen. Sie ist die Schnittstelle, die Brücke, zwischen beidem. Sehr häufig gehen wir vom Alten direkt ins Neue. Selten verweilen wir auf der Schwelle selbst. Dieses Ritual lädt dich ein, genau das zu tun und die Erfahrung zu machen, wie es sich anfühlt, auf der Schwelle zu sein.

Vorbereitung

Suche dir drinnen oder draußen einen geschützten Ort, an dem du das Ritual durchführen möchtest. Wünschst du dir eine Begleitung dabei, frage eine dir vertraute Person, ob sie dir zur Seite steht, und sage ihr, wie das Ritual ablaufen wird und was du dir von ihr wünschst. Vielleicht vereinbarst du mit ihr auch, dass du nach dem Ritual mit ihr sprechen kannst.

Ablauf

1. **Die Schwelle legen:** Lege an dem von dir gewählten, geschützten Ort mit Stöcken oder gerollten Tüchern eine Schwelle. Sie sollte so breit sein, dass du dich bequem auf sie draufsetzen kannst. Definiere, auf welcher Seite der Schwelle sich dein bisheriges, vertrautes Leben befindet und auf welcher Seite das neue, noch unbekannte Leben. Lege dir Stift und Papier bereit.

2. **Für einen Moment im Alten verweilen:** Nimm dir zunächst Zeit, kurz auf der Seite zu verweilen, auf der sich dein bisheriges Leben befindet. Nimm es nochmal wahr, ohne tiefer darin einzutauchen.

3. **Auf der Schwelle sein:** Mache dann deinen Schritt auf die Schwelle: Wie fühlt es sich an, hier zu sein? Atme tief ein und aus und lasse dich mehr ankommen an diesem Ort. Auf der Schwelle, auf der wir so selten länger verweilen. Mache es dir bequem auf der Schwelle – setze dich hin oder bleibe stehen, wenn dir das lieber ist. Wie fühlt es sich an, auf der Schwelle zu sein? Was nimmst du wahr? Hat die symbolische Schwelle eine Farbe, einen Geruch oder einen Ton? Ist da ein Gefühl, das sich dir zeigt? Wie erlebst du dich selbst auf der Schwelle? Bist du ruhig oder angespannt, verändert sich dein Körperempfinden mit der Zeit? Verweile auf der Schwelle und tauche ein in die Qualität der Schwelle. Welche Charaktereigenschaften hat sie, welche liebenswerten Eigenheiten, welche Möglichkeiten und Herausforderungen bringt sie mit sich? Welche Geschichte erzählt sie dir über das Leben? Über das Leben als solches wie auch über den Wechsel von Leben und Tod. Welche Erkenntnisse schenkt sie dir? Welche Botschaften hat sie für dich? Du kannst sie innerlich direkt ansprechen: *Liebe Schwelle, welche Botschaft hast du für mein Leben?* – Lausche dem, was in dir auftaucht. Vielleicht ist es ein Gefühl, ein Bild, ein Geräusch oder etwas anderes, das du wahrnehmen kannst. Vertraue deiner Wahrnehmung, vertraue dir. Es geht darum, wirklich vertraut zu werden mit der Schwelle, auf der du gerade in deinem eigenen Leben stehst.

4. **Aufschreiben, was da ist:** Wenn du magst, nimm Stift und Papier und mache dir, während du weiterhin auf der Schwelle verweilst, Notizen. Hast du das Gefühl, es ist alles aufgeschrieben, lege Stift und Papier wieder zur Seite.

5. **Schließe das Ritual ab:** Atme noch einmal bewusst ein und aus. Nimm die Schwelle nochmals ganz klar wahr und verabschiede dich dann von ihr. Gehe von ihr herunter, ohne dabei in den neuen Raum oder in den alten Raum zu treten. Das geht, indem du links oder rechts von der Schwelle aus dem gelegten Raum heraustrittst. Bedanke dich nochmals für das, was du auf der Schwelle hast erfahren dürfen. Löse dann die Schwelle wieder auf, indem du die Stöcke oder Tücher einsammelst und an einen neuen Ort legst. Jetzt befindest du dich wieder in deinem Alltagsraum.

   Wenn es noch etwas gibt, das du aufschreiben magst, nimm dir Zeit dafür. Wenn nicht, mache eine Pause. Lasse es nach diesem Ritual langsam angehen und nimm dir Zeit, um dir die Erkenntnisse bewusst zu machen, die du bekommen hast.

> Selten verweilen wir auf der Schwelle selbst, ohne direkt vom Alten ins Neue zu gehen. Tun wir dies, wird es uns möglich, mehr über diesen Punkt zu erfahren, seine Möglichkeiten und Herausforderungen, seine Botschaften auszuloten.

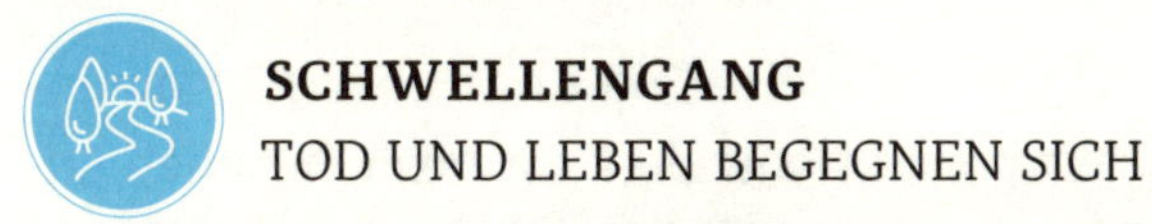

SCHWELLENGANG

TOD UND LEBEN BEGEGNEN SICH

In der Natur können wir erfahren, dass Tod und Leben immer gleichzeitig da sind. Hier stirbt etwas ab, dort wächst etwas Neues, hier steht etwas gerade in voller Blüte und hier ist etwas vertrocknet, verdorrt. Ein Schwellengang in der Natur schenkt dir die Möglichkeit, die Gleichzeitigkeit von Leben und Tod zu erfahren. Zu sehen, dass beide zusammengehören und einander bedingen. Und dass im Moment des Todes oft einfach nur Frieden da ist.

Nimm dir für diesen Schwellengang eine Stunde oder länger Zeit. Vielleicht möchtest du auch dein Notizbuch mit auf den Schwellengang nehmen.

Ablauf

1. Stelle dich an die Schwelle deiner Haustüre und formuliere in deinen Worten den Wunsch, dass die Natur dir einen Ort zeigt, an dem Tod und Leben gleichzeitig existieren.

2. Gehe dann in dem Bewusstsein über die Schwelle, dass sich in deiner Umgebung solch ein Ort zeigen wird. Sei offen dafür.

3. Lass dich treiben: Wo zieht es dich hin? Möchtest du links, rechts oder geradeaus gehen? Spüre, ob es dich in eine bestimmte Richtung zieht. Folge deinen Impulsen.

4. Wahrscheinlich landest du an einem Ort, an dem du weißt: *Hier bin ich richtig.* Lass dich nieder, verweile dort und schaue dich um.

5. Erkennst du, auf welche Weise Tod und Leben hier einander begegnen? Wo genau siehst du, dass beide nebeneinander existieren? Entdecke den Tod und das Leben an diesem Ort. Lass dich ein auf diese Erfahrung. Spüre, was das mit dir macht: Wie nimmst du deinen Körper wahr? Berührt dich diese Erfahrung? Was spürst du in dir?

6. Schau, ob der Ort eine zentrale Erkenntnis zum Thema Tod (und Leben) für dich bereithält. Was lernst du hier über den Tod? Was über das Leben? Wenn du magst, schreibe es direkt hier in dein Notizbuch.

7. Wenn du das Gefühl hast, es ist genug, bedanke dich bei diesem Ort für das, was er dir gezeigt hat. Verabschiede dich von ihm. Mache dich langsam auf den Rückweg.

8. Wenn du wieder vor deiner Haustürschwelle angekommen bist, halte inne. Bedanke dich nochmals für alles, was dir gezeigt wurde auf deinem Schwellengang. Gehe dann bewusst über die Schwelle deiner Haustüre. Mache dir klar: Du bist jetzt wieder in deinem Alltag, zurück in deinem gewohnten Umfeld. Der Schwellengang ist hiermit beendet.

Vielleicht magst du im Nachgang aufschreiben oder aufmalen, was dir begegnet ist. Vielleicht entsteht ein Kraftbild zum Thema Tod (und Leben). Schau, was sich als Essenz aus deinen Begegnungen herausschält. Lass den Schwellengang noch eine Weile in dir nachklingen.

In der Natur können wir die Gleichzeitigkeit von Tod und Leben ganz selbstverständlich erfahren. Sie kann uns lehren, wie beides miteinander existiert. Dies kann uns inneren Frieden oder neue Erkenntnisse über den Tod schenken.

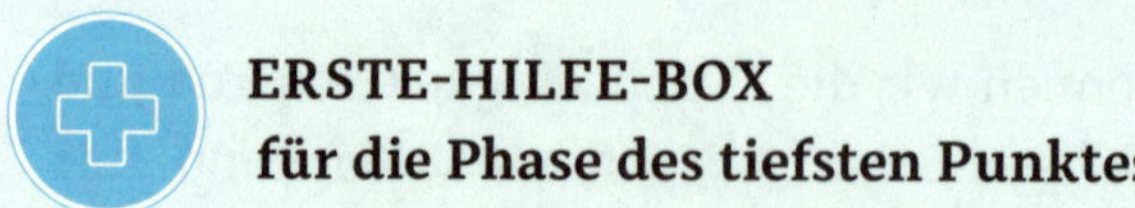

ERSTE-HILFE-BOX
für die Phase des tiefsten Punktes

- Der tiefste Punkt ist freundlicher, als wir oft denken. Indem du die Schwelle, auf der du gerade stehst, erforschst (beispielsweise in dem Ritual *Auf der Schwelle verweilen*), wird dir bewusst, welche Möglichkeiten, Schönheiten und Geschenke sie (neben den Herausforderungen) bereithält.
- Es gilt für den Tod, den tiefsten Punkt, die Dunkelheit und die Schwelle: Alles, was wir uns näher anschauen und mit dem wir uns vertraut machen, verliert seinen Schrecken. Es wird Teil des Lebens und etwas Natürliches.
- Leben und Tod gehen immer Hand in Hand. In der Natur kannst du das besonders eindrücklich erfahren, zum Beispiel auf einem Schwellengang zum Thema *Tod und Leben begegnen sich.*
- Es ist spannend und eindrücklich, die Tiefpunkte des eigenen Lebens einmal näher zu betrachten, um zu sehen, welche Erkenntnisse, Möglichkeiten und Fähigkeiten sie in einem geschult haben. Du kannst das mit der Übung *Tiefpunkte verändern uns* machen.
- Erinnere dich: Es gibt nichts zu tun. Du darfst einfach sein. Frieden kann sich einstellen.

Reflexionsfragen

- Wie fühlt sich das Stehen auf der Schwelle für dich an?
- Welche Botschaften hält die Schwelle für dich bereit?
- Welche Erfahrungen machst du nur angesichts des Todes?
- Kannst du den Frieden fühlen, der im Moment des Todes da ist?

- Wo überall begegnen dir Tod und Leben in ihrer Gleichzeitigkeit?
- Was wird möglich durch den tiefsten Punkt?
- Welche Geschenke hast du aus den tiefsten Punkten deines Lebens mitgebracht?

Stärkungssatz

Im Augenblick des Todes kann ich einen tiefen Frieden in mir spüren. Alles Kämpfen und Wollen ist beendet, Ruhe kehrt ein. Ich kann einfach sein. Der tiefste Punkt ermöglicht es mir, zu erfahren, wie es ist, wenn Leben und Tod sich begegnen.

Das Wesentliche auf einen Blick

- Du brauchst nichts tun. Alles ist getan. Es gibt gerade nichts zu tun.
- Am tiefsten Punkt begegnen sich Leben und Tod.
- Hier hat alles Kämpfen und Ringen, alles Machen und Tun sein Ende gefunden.
- Tiefer Frieden kann sich einstellen.
- Durch den tiefsten Punkt wird das Neue möglich. Wir müssen ihn passieren, um den Raum für das Neue zu öffnen.
- Der Moment des Todes ist viel friedlicher und wärmer, als wir ihn uns vorstellen. Indem wir die Schwelle – und damit den Moment des Todes – selbst erkunden, werden wir vertraut mit ihr und erleben, welche Facetten sie noch für uns bereithält.
- Im Tod begegnen wir dem Leben in seiner Essenz – jetzt zählt nur noch, was wesentlich ist.
- Die tiefsten Punkte unseres Lebens prägen uns. Oft zeigen sie, was Leben wirklich ausmacht.

PHASE 3: DAZWISCHENSTEHEN

Wenn du nicht weiterweißt, halte inne.
Wenn alles in dir in Frage steht, tue nichts.
Sei mit dem, was ist.
Wisse, dass sich die Antwort, ganz langsam,
aus deinem Inneren zeigen wird.

In dieser Phase des Dazwischenstehens, der Phase 3 deiner Schwellenzeit, gibt es nichts zu tun. Zumindest keinen aktiven Schritt, den du im Außen gehen kannst. Nachdem das Vertraute weggebrochen ist und du den tiefsten Punkt passiert hast, findest du dich jetzt im Zustand des Nicht-Wissens wieder: Du weißt noch nicht, wie dein Leben weitergehen will. Antworten sind noch keine da. Du kannst noch nicht loslegen, denn es braucht Zeit, ehe sich das Neue zeigt. Dennoch kannst du sehr wohl etwas in dieser Zeit tun, nämlich der Stille in deinem Leben Raum geben und nach innen lauschen. Indem du deine eigene innere Stimme wieder wahrnehmen lernst, wird dir bewusst, was dir wirklich wichtig ist im Leben. Damit kann die Phase des Dazwischenstehens zum Beginn deines eigenen Herzensweges werden.

Auch wenn es sich oftmals unangenehm anfühlt, nicht gleich loslegen zu können, hat diese Phase doch ihren besonderen Zauber: Es ist noch nichts festgelegt. Das Neue liegt wie eine leere, weiße Landkarte vor uns. Es braucht Zeit, um sich von innen herauszuschälen und sichtbar zu werden. Dies ist ein erstaunlicher Prozess, ein Mysterium: Etwas wird aus uns geboren und mit der Zeit sichtbar und greifbar. Etwas, von dem wir jetzt noch keine Ahnung haben, was es überhaupt sein wird. Wir können jedoch für optimale Bedingungen sorgen, sodass es sich immer deutlicher zeigen kann. Die nachfolgenden Übungen, Zeiten in der Natur und Meditationen unterstützen dich dabei: Du lernst, die Stille in deinen Alltag zu integrieren und den Kontakt zu deiner inneren Stimme wiederherzustellen. Sie weist dir den Weg und lässt dich die Antworten auf deine Fragen in dir selbst finden.

Dir Zeit und Raum für dich zu nehmen, ist das Wesentliche in dieser Phase. So, wie in den Rauhnächten – der Zeit zwischen den Jahren – nach altem Brauch alles aktive Tun ruhen gelassen wird, bist du eingeladen, dir jetzt immer wieder Momente und kleinere Auszeiten zu nehmen. Das kann mitten in deinem alltäglichen Tun geschehen. Dadurch schaffst du bewusst Momente, in denen einerseits du zur Ruhe und wieder mehr bei dir ankommst und andererseits das Neue nach und nach sichtbar werden kann.

Es gibt die Geschichte von einer Frau, die auf der Suche nach der Antwort läuft und läuft und sie doch nicht findet. Erschöpft bleibt die Frau irgendwann an einer Kreuzung stehen. Da stolpert plötzlich die Antwort über sie und sagt: *Endlich bleibst du stehen. Ich versuche die ganze Zeit, dich einzuholen, aber du bist einfach zu schnell.* An diese Geschichte muss ich oft denken, wenn ich selbst wieder zu schnell unterwegs bin und in dieser Zeit des Dazwischenstehens, in der es nichts aktiv im Außen zu tun gibt, direkt loslegen will. Es ist deshalb sehr sinnvoll, dir Zeit und Raum für dich zu nehmen, sodass die Antwort dich finden kann.

DIE INNERE STIMME WAHRNEHMEN

Es gibt eine ruhige, klare, innere Stimme in einem, die den eigenen Weg weist. Sie ist oft sehr fein und kann im Alltagsgeschehen schnell untergehen. Sie wieder wahrnehmen zu lernen, unterstützt dich darin, deinen eigenen Weg zu gehen, unabhängig von den Meinungen, Antworten und Ratschlägen anderer – denn du erlebst dein zuverlässigstes Navi in dir drin. Deine innere Stimme ist verbunden mit deiner innersten Wahrheit. Mit dem, was wirklich für dich stimmt. Ihre Impulse spiegeln wider, was jetzt in deinem Leben für dich dran ist. Das muss nicht unbedingt dem entsprechen, was von dir erwartet wird oder was du dir mit dem Verstand überlegt hast – vielleicht will das Leben ganz andere Wege mit dir gehen. Die innere Stimme weist dir den Weg dahin.

Wie unterscheidet sich diese innere Stimme, die ich die innere Führung nennen möchte, von den anderen Stimmen in dir? Du kennst sicherlich auch die lauten Stimmen, die sagen: *Du musst schneller machen. Entscheide dich mal. Mach jetzt. Das muss aber endlich vorwärtsgehen. Weißt du immer noch nicht, was du als nächstes machen willst?* Sie treiben an, wirken hart und unnachgiebig. Ihre Worte sind oft eher wie ein Befehl und enthalten häufig ein *Du musst.* Sie kommen laut und polternd daher – so wie jemand, der in einen Raum hereinstampft und laut herumschreit, was jeder zu machen hat. Die Stimmen in dir, die dich antreiben, sind oft sehr harsch, dominant, fordernd und abwertend. Sie machen Druck, fordern, dass du sofort handelst, drohen damit, dass sonst etwas passiert, und du kannst spüren, wie dein Körper hart und eng wird. Vielleicht ziehst du unwillkürlich die Schultern hoch, spannst den Bauch an und gehst in eine Kampf- oder Fluchtstellung. Häufig basieren sie auf Meinungen, Wünschen und Forderungen, die du in deiner Umgebung gehört und verinnerlicht hast – als Kind oder heute als Erwachsene oder Erwachsener, meist jedoch bereits in der Kindheit.

Die innere Stimme, und damit innere Führung, ist anders. Sie ist zart und sehr klar. Du kannst sie schnell überhören in dem Gepolter. Deine innere Stimme klingt ruhig, klar, besonnen und fein. Sie ist in ihren Antworten eindeutig, fordert jedoch nichts von dir und übt keinen Druck auf dich aus. Wenn du sie hörst, weißt du oft intuitiv, dass sie recht hat – auch wenn der Impuls, den sie dir bringt, zuvor noch nicht als Gedanke in deinem Kopf war. Vielleicht staunst du selbst über ihn. Deine innere Stimme bringt eine große Klarheit mit sich und vieles kann plötzlich Sinn ergeben. Oder aber du verstehst den Sinn ihrer Antwort noch nicht, merkst aber dennoch, dass sie richtig und wahr ist. Vielleicht gibt es auch eine Reaktion in deinem Körper – du fühlst dich plötzlich entspannt, wieder im Fluss des Lebens, getragen, ruhig oder etwas in dir atmet auf. Vielleicht wird dein Atem tiefer, du entspannst dich und merkst, wie du dich freier fühlst innerlich.

Manchmal braucht es ein wenig Zeit und Übung, um die innere Stimme wieder deutlich wahrzunehmen. Besonders, wenn es wuselig oder laut um dich herum ist, du im Stress bist oder viel zu erledigen hast, kann es sein, dass du sie nicht oder nur schwer wahrnehmen kannst – das geht mir oftmals genauso. Am leichtesten kannst du damit beginnen, sie wieder zu erforschen, wenn du in Ruhe bist. Wenn es in dir und um dich ruhig ist. Zum Beispiel an den Übergängen zwischen Tag und Nacht, an einem Ort der Stille oder bei einer Auszeit innerhalb oder außerhalb deines Alltags. Übungen dazu findest du in diesem Kapitel.

Mit der Zeit wirst du herausfinden, über welchen Sinn du deine innere Stimme besonders deutlich wahrnimmst: Manche Menschen hören ihre innere Stimme so wie einen Menschen, der zu ihnen spricht. Andere wiederum sehen Formen, Farben oder innere Bilder. Wieder andere spüren sie als Empfindung in ihrem Körper. Und wieder andere Menschen erleben sie als ein inneres Wissen. Ob du sie siehst, hörst, fühlst, um sie weißt – oder sie vielleicht sogar riechst oder schmeckst –, keiner der Sinne ist besser als der andere, es geht nur darum, zu erkennen, welcher Sinn dir entspricht, und deinem Zugang zur inneren Stimme zu vertrauen. Indem du lernst, (wieder) auf deine innere Stimme zu lauschen, wirst du sie rasch gut von den übrigen Stimmen in dir unterscheiden können. Sie spricht mit dir, ohne Druck zu machen, und lässt dir immer eine Wahl, wofür du dich entscheidest. Du kannst ihr folgen – musst aber nicht. Sie ist wie eine liebevolle Begleiterin, die dir stets den optimalen Weg weisen will, sodass du möglichst entspannt und stimmig durchs Leben kommst.

Ich habe einmal eine ganze Weile den Wahrheitsgehalt der Aussagen meiner inneren Stimme auf den Prüfstand gestellt und bewusst das Gegenteil von dem getan, was sie mir geraten hat. Ich wollte wissen, ob sie recht hat und was passiert, wenn ich ihr nicht folge. Oft ist nichts Schlimmes passiert, doch mein Leben wurde unglaublich kompliziert, wenn ich ihr nicht gefolgt bin: Ich steckte in Staus fest, traf unangenehme Typen, saß in vollen und zu spät kommenden Zügen und verpasste wertvolle Gelegenheiten. Dieser Test hat mich dazu gebracht, ein großes Vertrauen in die innere Führung zu entwickeln. Heute weiß ich, dass ich ihren Aussagen zu 100 Prozent vertrauen kann – auch wenn ich den Sinn von ihnen nicht immer direkt (oder überhaupt) verstehe.

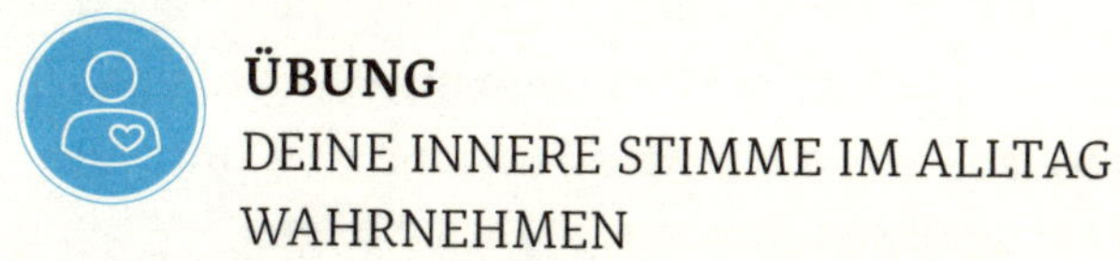

ÜBUNG
DEINE INNERE STIMME IM ALLTAG WAHRNEHMEN

Achte im Alltag und besonders in den Momenten, in denen du dich entspannt und ruhig fühlst, auf Impulse deiner inneren Führung. Spürst du beim Spazierengehen einen Impuls, in eine bestimmte Richtung zu gehen? Oder bei einer bestimmten Pflanze zu verweilen oder sie dir genauer anzusehen? Probiere aus, wie es sich anfühlt, dem zu folgen, und schau, an welchem Ort du dabei herauskommst oder wo du stehen bleibst. Vielleicht entdeckst du etwas, was an diesem Tag für dich stimmig, wichtig oder unterstützend ist.

Schau, ob du einen Impuls wahrnimmst, wenn du alleine im Dorf oder in der Stadt unterwegs bist. Oder wenn du für dich alleine zuhause bist. Zieht es dich zu etwas? Einem Buch, einem Gegenstand oder sollst du einen bestimmten Menschen anrufen? Hast du den Impuls, jetzt zum Briefkasten oder in den Garten zu gehen oder aus dem Fenster zu sehen? Achte auf diese Momente und bleibe neugierig, was sich zeigt, wenn du ihnen folgst. Es muss nicht immer etwas Großartiges sein, das dann passiert. Doch es wird immer wieder Augenblicke geben, in denen sich eins ins andere fügt oder in denen du positive Überraschungen erlebst. Probiere es gerne in dieser und den nächsten beiden Wochen einmal aus: Nimm wahr, welche Impulse sich in dir zeigen in Momenten, in denen du ruhig und entspannt bist. Folge ihnen und bleibe offen dafür, wohin sie dich führen.

> Indem du lernst und übst, in ruhigen Momenten auf deine innere Stimme zu lauschen, kannst du sie immer klarer wahrnehmen. Sie wird dir zu einer zuverlässigen Wegwei-

serin im Alltag. Mit konkreten Momenten im Alltag zu üben, stärkt dein Vertrauen in die innere Führung und hilft dir, sie noch leichter wahrzunehmen und ihr zu folgen.

ÜBUNG

UM KLARE INNERE FÜHRUNG BITTEN

Bitte am Morgen um innere Führung und klare Impulse durch deinen Tag und bedanke dich innerlich dafür, dass du so gut und zuverlässig durch deinen Tag geführt wirst. Schaue dann, welche Impulse sich im Tagesverlauf zeigen. Ebenso ist es möglich, abends um Träume zu bitten, die dir weiterhelfen auf deinem Weg, und dafür zu danken, dass du sie wahrnehmen und am nächsten Morgen erinnern kannst.

Durch diese Bitte um klare, innere Führung und das Danken dafür, öffnest du einen inneren Raum, der dich verbindet mit einem größeren Wissen und einer höheren Weisheit. Du kannst so auf Führung durch deinen Tag vertrauen. Vielleicht entspannt sich etwas in dir, wodurch du die Impulse, die auftauchen, noch leichter wahrnehmen kannst.

Das Bitten um und Danken für eine klare, innere Führung kann einen inneren Raum öffnen, wodurch du noch leichter die Impulse, die auftauchen, wahrnehmen kannst.

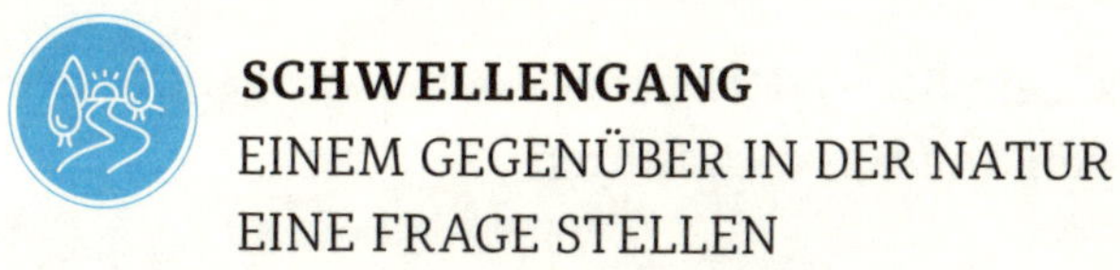

SCHWELLENGANG
EINEM GEGENÜBER IN DER NATUR EINE FRAGE STELLEN

Bei diesem Schwellengang geht es darum, einerseits nach innen, auf deine innere Führung, zu lauschen, und andererseits klar die Impulse deines Gegenübers wahrzunehmen.

Ablauf

1. Wähle eine Frage aus, die dich aktuell beschäftigt und mit der du über die Schwelle gehen möchtest. Formuliere deine Frage. Halte sie einfach und klar.

2. Stelle dich vor die Schwelle deiner Haustüre. Wiederhole noch einmal die Frage, innerlich oder laut. Gehe dann bewusst über die Schwelle deiner Haustüre, in dem Bewusstsein, dass sich hinter der Schwelle die Umgebung mit Impulsen und Antworten auf deine Frage zeigt.

3. Wohin zieht es dich? Nimm deine innere Stimme wahr, wenn es darum geht, nach links oder rechts abzubiegen, anzuhalten oder geradeaus weiterzugehen. Folge dem, wo es dich jetzt hinzieht (auch wenn du gar nicht geplant hattest, dort langzugehen).

4. Bitte innerlich darum, zu dem Gegenüber in der Natur geführt zu werden, das jetzt einen Impuls oder eine Antwort auf deine Frage für dich hat. Schau, wo es dich hinzieht. Du kannst bei einer Pflanze ankommen, bei einem Baum, einer Blume, einem Kraut, einem Grashalm. Es kann auch ein Stein sein, eine Feder, eine Frucht oder ein Zapfen.

Vielleicht auch ein Bach oder ein See oder etwas ganz anderes. Bleibe offen und lass dich führen.

5. Betrachte dein Gegenüber. Begrüße es. Schaue es genau an: Welche Merkmale charakterisieren es? Wie sieht es aus? Welche Farbe hat es? Welche Form? Was spricht dich besonders an ihm an? Gehst du spontan mit etwas von ihm in Resonanz? Spiegelt sich etwas von dir in ihm wider?

6. Stelle ihm nun deine Frage, mit der du dich auf den Weg gemacht hast. Lausche in deinem Inneren auf die Antwort. Sie kann in Form von Worten kommen, als Gefühl, als inneres Wissen oder als etwas, das dir jetzt an deinem Gegenüber besonders auffällt. Wenn du den Impuls hast, die Position zu wechseln, aus der du dein Gegenüber betrachtest, zum Beispiel in die Hocke zu gehen oder zur Seite, dann mache das. Nimm so lange wahr, wie es etwas wahrzunehmen gibt.

7. Bedanke dich dann bei deinem Gegenüber und verabschiede dich von ihm.

8. Begib dich auf den Heimweg. Halte vor der Schwelle deiner Haustüre inne. Bedanke dich nochmal für das, was dir auf diesem Schwellengang an Impulsen, Antworten und Begegnungen geschenkt worden ist.

9. Gehe bewusst über die Schwelle deiner Haustüre – willkommen zurück in deinem Alltag, im Hier und Jetzt.

Notiere das, was dir begegnet ist, in deinem Notizbuch. Vielleicht gibt es auch eine Essenz, die du auf deinem weißen Blatt Papier (siehe Übung *Das weiße Blatt Papier*) festhalten magst.

> Im Kontakt mit der Natur können wir Antworten und Impulse auf eigene Fragen erhalten. Der Schwellengang ist ein Weg dorthin. Er schenkt neue Sichtweisen, Perspektiven und Möglichkeiten, die wir bisher nicht im Sinn hatten.

STILL WERDEN IM ALLTAG

Die Stille ist, wie erwähnt, eine wertvolle Voraussetzung dafür, um die eigene innere Stimme überhaupt wieder zu hören. Still zu werden in deinem Alltag, schenkt dir die Möglichkeit, die Regungen und Impulse in dir wieder zu vernehmen. Es gibt vielfältige Wege, um die Stille mitten im Tag zu entdecken und in ihn zu integrieren, ohne einen Urlaub buchen oder eine längere Auszeit nehmen zu müssen. Auf diese Weise schaffst du hier und jetzt, wo du gerade bist, einen Raum, der dich wieder mit dir, dem aktuellen Augenblick und der Weisheit in deinem Inneren verbindet. Ebenso lässt die Stille dich zur Ruhe kommen, bringt dich raus aus dem Kopf und dem Gedankenkarussell – eine weitere Voraussetzung, um deine innere Stimme wieder wahrnehmen zu können.

ZEIT IN DER NATUR
EINEN ORT DER STILLE FINDEN

Einen Ort der Stille in der Nähe deines Wohnortes zu finden, kann dir helfen, dir mitten im Alltag eine Oase der Stille zu schaffen. Dieser Ort kann an einem Bach oder See liegen, unter einem bestimmten Baum oder auf einem Hügel. Vielleicht ist er sogar mitten in der Stadt oder gleich im eigenen Garten, vielleicht ist es eine Lieblingsbank. Es geht darum, einen Ort zu finden, den du mit Stille, Wohlbefinden und Ruhe assoziierst. Wo fühlst du dich besonders wohl? Wo kommst du gut zur Ruhe? Gerade auch in Wandelzeiten? An welchem Ort in deiner Nähe kannst du Kraft schöpfen?

Es ergibt Sinn, einen Ort außerhalb deiner Wohnung, deines Hauses zu suchen. Auf diese Weise bist du zugleich mit den Elementen der Natur verbunden – mit der Erde, der Luft, der Sonne, vielleicht dem Regen. Sollte es dir aber gerade nicht möglich sein, das Haus zu verlassen, schau, ob du solch einen Ort drinnen findest oder dir schaffen kannst, eine Ecke der Stille, nur für dich.

Ich weiß von einer Frau, die regelmäßig an einen Bach gegangen ist. Dort kam sie zur Ruhe, sie hörte das stete Plätschern des Wassers und etwas in ihr entspannte sich. Eine andere Frau wiederum saß regelmäßig unter einer Linde im Park. Sie lehnte sich mit ihrem Rücken an, fühlte sich geborgen und vergaß für Momente die Welt um sich herum. Hier konnte sie ganz in ihre innere, stärkende Welt eintauchen. Ein Mann wiederum erzählte mir, dass er am liebsten auf einem bestimmten großen Stein am Waldrand in der Nähe seines Wohnortes saß, von dem aus er die gesamte Region und Landschaft überblicken konnte. Dort kam in ihm etwas zur Ruhe.

Indem du solch einen Ort für dich etablierst – und er muss weder weit weg noch besonders spektakulär, sondern nur für dich wohltuend sein –, schaffst du dir einen Zufluchtsort, den du jederzeit aufsuchen kannst. Wann immer du dich durcheinander, unsicher oder konfus fühlst, kannst du dort hingehen. Er kann zu einem guten Freund werden, der Zuflucht und die Möglichkeit, bei dir selbst anzukommen, bietet.

ERFAHRUNGSBERICHT

Die Trost-Bank

Nach einer Trennung gab es einen Ort, an den ich jeden Tag gegangen bin: Die Sitzbank am Waldrand. Von meinem Haus führte der Weg raus aus der Stadt, weiter durch Wiesen und Felder, den Hügel hinauf und in ein Waldstück. Hier konnte ich längere Zeit über kleine Waldwege gehen, was mir guttat und mich schon etwas zur Ruhe brachte. Am Ende eines dieser Wege stand am Waldrand diese Sitzbank. Hinter ihr ragten große, alte Buchen empor und gaben mir ein Gefühl des Geborgenseins, sobald ich auf ihr saß. Von der Bank aus konnte ich weit über Felder, die Stadt und auf Wälder schauen. Sie war wie ein Ort des Ankommens, ein Zuhause auf Zeit und zugleich ein Ort des Weitblicks. Hier musste ich nichts tun, hier wollte niemand etwas von mir, ich konnte einfach sein. Zu dieser Trost-Bank ging ich bei Regen, Sonne und in großer Hitze. Manchmal saß ich eine halbe Stunde auf ihr, manchmal auch zwei Stunden. Ich nahm den Wind um mich wahr und die Wärme. Das Rauschen der Blätter, die ihre Schatten über mich warfen. Ich kam zur Ruhe. Ich nahm kaum wahr, wie die Zeit verging, und vergaß oft meinen Schmerz, die Gedanken, die damals ewig kreisten. Je länger ich dort saß, umso mehr wurde ich Teil der Landschaft. Je öfter ich die Bank aufsuchte, umso schneller stellte sich ein Gefühl der Ruhe ein. Ich kam in Frieden.

Auf dieser Sitzbank fand ich Trost, Stille und Geborgenheit. Und zugleich den Weitblick für neue Möglichkeiten. Welcher Ort verkörpert das für dich? Welcher Ort zieht dich an? Vielleicht auch, ohne dass du weißt, warum. Es kann ein Ort sein, den du schon länger kennst, zu dem du bislang aber keine besondere Verbindung hattest – so wie ich zu der Bank, an der ich bereits unzählige Male vor der Trennung vorbeigelaufen war. Oder es ist ein Ort, den du neu entdeckst, indem du die Augen offenhältst für ihn. Du kannst auch innerlich die Frage stellen, wo solch ein Ort der Stille für dich sein kann – und dich dann in den nächsten Tagen und Wochen überraschen lassen, welchen Ort du entdeckst. Halte es einfach, schau, wo du dich wohlfühlst. Und: Du solltest ihn jederzeit in deinem Alltag aufsuchen können.

> Mit dem Ort der Stille schaffst du dir einen Ort in deinem Alltag, an dem du jederzeit zur Ruhe kommen, Trost finden und auf deine innere Stimme lauschen kannst.

MEDITATION
ANTWORTEN IN DIR FINDEN

Die Zeit an deinem Ort der Stille kannst du mit einer Meditation verbinden, die dich wieder mit deiner inneren Führung verbindet. Gehe an deinen Ort der Stille und nimm dir Zeit, anzukommen und zur Ruhe zu kommen. Wenn du das Gefühl hast, du bist gut in dir gegründet, kannst du Fragen, die dich aktuell beschäftigen, nach innen stellen. Lausche den Antworten, die hierzu vielleicht auftauchen. Suche nicht nach ihnen, sondern schau, was sich in deinem Inneren zeigt. Vielleicht kommen Antworten und Impulse, vielleicht ist erst einmal nur Stille da. Du kannst auch ohne konkrete Frage nach innen lauschen und darum bitten, dass sich ein Impuls, ein nächster Schritt zeigt, der jetzt wichtig für dich ist. Nimm ihn einfach nur wahr. Wenn du das Gefühl hast, ausreichend nach innen gelauscht zu haben, nimm ein paar bewusste Atemzüge und verankere dich wieder im Hier und Jetzt.

Wenn du magst, kannst du die Impulse und Gefühle, die während deiner Meditation aufgetaucht sind, im Anschluss in deinem Notizbuch festhalten oder sie auf dein weißes Blatt Papier schreiben (siehe Übung *Das weiße Blatt Papier*).

> An deinem Ort der Stille zur Ruhe zu kommen und anschließend nach innen zu lauschen, kann dir Antworten und Impulse für deinen Weg schenken. Diese lassen sich durch eine offene und empfangende, innere Haltung besonders leicht wahrnehmen.

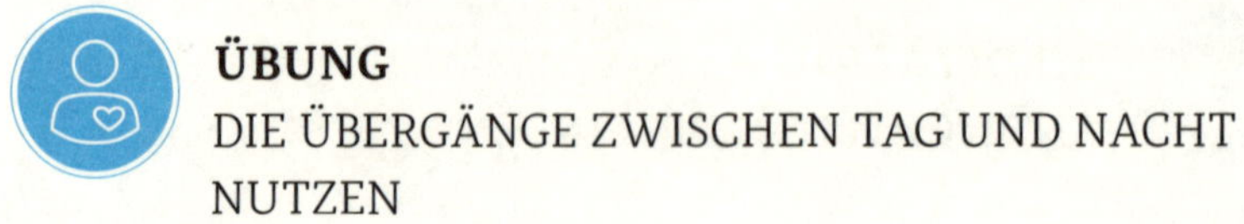

ÜBUNG
DIE ÜBERGÄNGE ZWISCHEN TAG UND NACHT NUTZEN

Könntest du in mein Schlafzimmer schauen, würdest du mich oft abends vor dem Einschlafen mit Zettel und Stift im Bett sitzen sehen. Die Zeit des Übergangs vom Tag zur Nacht und von der Nacht zum Tag ist für mich besonders. Wenn die Alltagsgeräusche verklingen und die Welt um mich herum leiser wird, finde auch ich einen leichteren Zugang zu meiner inneren Stimme. Dann frage ich oft nach innen, ob es etwas gibt, das ich jetzt wissen muss. Ob etwas jetzt besonders wichtig ist. Manchmal tauchen neue Ideen auf, ein Impuls, den ich aufschreibe oder -male.

Gerne mache ich auch einen Abendspaziergang in der Dämmerung. Dann, wenn es schon langsam dunkel wird, und die Konturen zwischen dem, was wirklich ist, und dem, was sein könnte, immer fließender werden. Ich schaue in die Landschaft, vielleicht sehe ich den schon aufgehenden Mond und nehme vor allem mich selbst deutlicher wahr. Es wird still in mir, meine innere Stimme wird leichter hörbar. Hier begegnen mir oft Hinweise in Form von Tieren, ihrem Verhalten oder von Pflanzen. So fällt mir etwa die Katze auf, die völlig entspannt und unbeeindruckt von mir auf dem vom Tag noch warmen Asphalt liegt – und erinnert mich daran, auch selbst wieder einmal mehr zu entspannen und zu genießen. Neben dem Bach entdecke ich ein ganzes Stück voll leuchtend gelbem Johanniskraut, das mir bei Tag noch nicht aufgefallen ist – bei seinem Anblick werde ich selbst gleich ein wenig heiterer und fühle mich leichter.

Eine Bekannte von mir geht wiederum jeden Morgen nach dem Aufwachen als erstes in ihren Garten und schaut, welche Pflanze oder welche Stelle sie anzieht: Mal ist es ein Tautropfen auf einem grünen Blatt, dann wieder die Ecke, in der sich der Igel häufig herumtreibt, oder die leuchtend rote Hagebutte. Sie nimmt die Impulse für ihren Tag aus dem Garten, spürt, was ihr heute wichtig ist. Auf diese Weise können wir die Übergänge zwischen Tag und Nacht nutzen, um auf andere Weise wahrzunehmen als nur über den Verstand. Wir können Antworten finden und Impulse empfangen, die uns ansonsten oft nicht zugänglich sind. Es wird ruhiger in uns und wir nehmen deutlicher wahr.

Schau, was dein Zugang zu den Übergängen zwischen Tag und Nacht ist? Gehst du gerne am Abend oder am Morgen nach draußen? Schreibst du gerne auf dem Balkon, im Bett oder auf dem Sofa in die beginnende Nacht oder in den neuen Morgen hinein? Was spricht dich mehr an: der Morgen oder der Abend? Schau, was möglich ist und was dich jetzt anzieht. Auf welche Weise kannst du die Übergänge für dich nutzen, um mehr inneren Frieden und Ruhe in dir zu kultivieren und Raum für Lösungen und Antworten zu schaffen?

> Die Übergänge zwischen Tag und Nacht schenken eine besondere Form der Stille. In ihnen ist es möglich, besonders leicht zur Ruhe zu finden und Impulse für den eigenen Weg zu bekommen.

STILL WERDEN IN EINER AUSZEIT

Oftmals gibt es in dieser Zeit des Dazwischenstehens (und der damit häufig verbundenen inneren Unruhe) den Wunsch, die Sehnsucht oder Vorstellung, außerhalb des Alltags zur Ruhe kommen zu können oder kommen zu müssen. Es kann sehr erholsam sein, einige Tage oder länger Auszeit zu nehmen. Doch für viele ist das kaum zu realisieren: Weil Kinder betreut werden müssen, es ein soziales Netz gibt, in das wir eingebunden sind und das uns fordert, oder wir schlicht arbeiten müssen. Die gewohnte Struktur, das Zuhause, die Arbeit, die Menschen um uns können uns auch Halt geben. Es ist sehr unterstützend, wie weiter vorne beschrieben, im Vertrauten Zeiten für Stille zu finden. Auch wenn uns Bücher, Filme und Berichte über Menschen, die eine lange Auszeit genommen haben als Antwort auf eine große Veränderung in ihrem Leben, häufig sehr beeindrucken und berühren.

Mir ist wichtig, dass du schaust, was für dich möglich ist. Kläre für dich: Wie lange kannst du weg sein? Welche Entfernung tut dir jetzt gut? Soll es eher ein Ort in der Nähe oder weiter entfernt sein? Kennst du vielleicht schon jemanden oder einen Ort, wo du gerne hinmöchtest? Schau, ob solch eine Auszeit außerhalb deines Alltags wirklich dran ist oder ob sie dich eher überfordern würde. Du wirst es beim ersten Gedanken daran sofort merken – wenn es sich wohlig und weit, vorfreudig in dir anfühlt, kannst du daran gehen, solch eine Auszeit für dich zu planen. Merkst du, dass es in dir eng wird, du dich angestrengt, vielleicht sogar überfordert und unruhig fühlst, kann es stimmiger sein, zu schauen, auf welche Weise du die Stille in deinen Alltag integrieren kannst. Anregungen dazu geben dir die weiter vorne beschriebenen Übungen.

Sollte es sich stimmig anfühlen und du die Möglichkeit haben, außerhalb des Alltags Stille zu finden, gebe ich dir hier einige Ideen.

- Viele Meditationszentren und Seminarhäuser bieten an, für einige Tage oder Wochen mitzuarbeiten und im Gegenzug kostenfrei oder zu einem reduzierten Preis vor Ort zu wohnen und zu essen. Manchmal ist auch die kostenfreie oder preisreduzierte Teilnahme an Kursen während dieser Zeit möglich. Ebenfalls gibt es an diesen Orten häufig die Möglichkeit einer Auszeit, begleitet von Gesprächen, Aktivitäten oder indem man ganz für sich ist. Klöster bieten dies ebenso oftmals an. Das sind wertvolle Möglichkeiten, um auf einfache Weise und vielleicht ganz in deiner Nähe, eine Auszeit zu nehmen, die zugleich einen strukturierten Rahmen hat – durch einen geregelten Tagesablauf, klare Essenszeiten und einen Ort, der die Stille ins Zentrum stellt.
- Über eine Onlinesuche wirst du ebenfalls Menschen, Orte, Ferienhäuser und Ferienwohnungen finden, an, in und bei denen eine Auszeit mit oder ohne Begleitung möglich ist. Manchmal bieten Coaches, Therapeutinnen und Therapeuten und ähnlich Arbeitende die Möglichkeit, bei ihnen vor Ort oder in der Nähe eine Auszeit zu machen und dabei begleitet zu werden.

Tipp: Stichworte für die Onlinesuche können sein: Kloster, Auszeithaus, Seminarhaus, Meditationszentrum, Retreatzentrum. Du kannst auch nach Auszeit, begleitete Auszeit, freie Mitarbeit oder Ora et labora (Mitarbeit im Kloster) suchen.

> Möchtest du die Stille außerhalb des Alltags für dich nutzen, schau, was realistisch und machbar ist. Sodass die Auszeit zu einer Zeit wird, die dich stärkt und dir wohltut und dir neue Impulse und Sichtweisen schenken kann.

IN DER FRAGE LEBEN

In einer Frage zu leben, bedeutet, nicht nach einer Antwort zu suchen, obwohl die Frage einen beschäftigt. Das ist ungewohnt, denn meist sind wir vertraut damit, rasch eine Antwort zu finden und wenn wir keine finden, online nachzuschauen oder jemanden zu fragen. In der Phase des Dazwischenstehens während einer Schwellenzeit helfen diese äußeren Wege nicht. Es ist der Weg, der nach innen führt, der uns die Antworten und Lösungen zeigt.

In der Frage zu leben ist gleichbedeutend damit, im Nicht-Wissen zu stehen. Es heißt, die Frage – zum Beispiel: Wo will mein Weg weitergehen? – nach innen zu nehmen, ins Herz. Sie mit sich zu tragen wie ein geheimnisvolles Rätsel, dessen Lösung uns noch unbekannt ist, sich aber ganz von alleine zeigen wird, wenn der richtige Zeitpunkt gekommen ist. Es gilt, nicht über sie nachzugrübeln oder sie ergründen zu wollen. Die Wahrscheinlichkeit ist groß, dass einem die Antwort plötzlich während eines Spaziergangs, beim kreativen Tun oder in der Stille in den Schoß fällt oder einfach da ist. Je mehr wir über eine Frage oder ein Problem nachdenken, umso weniger finden wir oftmals die Antwort oder Lösung. In dem Moment, in dem wir nichts mehr von der Frage wollen, sie nicht lösen, ändern oder weghaben wollen, kann sich die Antwort ganz von alleine einstellen – sie bekommt Raum und kann sich ausbreiten. Auf einmal ist sie da.

Manchen fällt die Lösung unter der fast schon sprichwörtlichen Dusche ein. Anderen kurz vorm Schlafengehen, beim Gemüseschneiden, beim Unterwegssein in der Natur, beim Springen auf einem Trampolin oder bei einem Treffen mit Freunden. Gute Firmenideen entstehen oftmals aus einem Abend mit Freunden, an dem im Scherz auf ein Blatt Papier eine neue Idee gekritzelt wurde – die dann tatsächlich zu einer neuen Firmenidee weiterentwickelt wird. In solchen Momenten ist unser Geist weit und auch Unkonventionelles, vorher nicht Bedachtes und Neues, kann den Weg zu uns finden.

Folgende Übungen unterstützen dich dabei, mit der Frage zu leben und im Nicht-Wissen zu stehen.

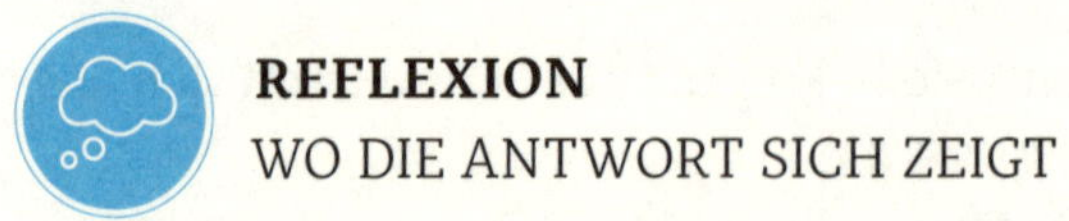

REFLEXION
WO DIE ANTWORT SICH ZEIGT

Nimm dir einen Moment Zeit und schau auf die entscheidenden Momente deines Lebens, in denen du keine Ahnung hattest, wie es weitergehen soll, in denen du gefühlt mit dem Rücken zur Wand standest oder nicht wusstest, wie eine Lösung aussehen kann. Was hat in diesen Momenten die Wende gebracht? Auf welche Weise bist du zu einer Antwort oder Lösung gekommen? In welchem Augenblick hat sie sich gezeigt? Welche innere Haltung hattest du dabei? Was hast du gemacht oder auch nicht getan? Schreibe auf, was dir einfällt. Notiere ganz konkrete Beispiele und Situationen. Gibt es ein Muster, das sich zeigt? Eine innere Haltung oder eine bestimmte Handlungsweise, die dazu führt, dass sich die Antwort oder Lösung besonders leicht zeigen konnte? Indem du aufschreibst, welche Erfahrungen du schon gemacht hast, wird dir bewusst, was dich darin unterstützt, Antworten und Impulsen Raum zu geben. Ebenso kann es deinen Mut bestärken, dich auf Unbekanntes oder noch nicht Klares einzulassen, im Vertrauen darauf, dass sich die Antworten zeigen werden.

> Häufig haben wir schon die Erfahrung gemacht, dass sich Antworten und Impulse zeigen, wenn wir nicht nach ihnen suchen. Indem wir reflektieren, welche innere Haltung wir in diesen Momenten eingenommen haben, erfahren wir mehr darüber, was uns darin unterstützt, Antworten in unserem Leben Raum zu geben.

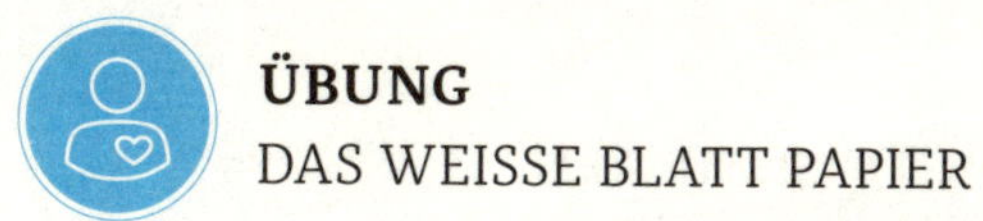

ÜBUNG
DAS WEISSE BLATT PAPIER

Hänge dir ein weißes Blatt Papier in der Größe DIN A4 oder A3 in deiner Wohnung auf. Dein weiteres Leben. Mache dir auf diese Weise bewusst: Ja, da breitet sich tatsächlich eine weiße Fläche vor dir aus. Dein zukünftiges Leben, von dem du noch nicht weißt, mit was es sich in nächster Zeit füllen will, wie es weitergehen will und wird. Dass es sich füllen wird, ist sicher. Wann immer in den nächsten Tagen, Wochen oder Monaten ein Impuls auftaucht, bei dem du merkst, er ist mit deinem Herzen und deinem Inneren verbunden, notiere ihn auf dem weißen Blatt Papier. Sammle auf diese Weise alles, was auftaucht. Du musst nicht alles umsetzen, was du notierst. Dafür ist in dieser Phase der Schwellenzeit sowieso noch nicht der richtige Zeitpunkt. Du musst auch nichts gleich aussortieren, du kannst alles einfach aufschreiben, sodass sich das Blatt langsam füllt. Auf diese Weise bekommst du mit der Zeit eine Ahnung davon, in welche Richtung dein Leben weitergehen will oder was Teil deines Lebens sein möchte. Gleichzeitig bekommt das, was sich in dir zeigt, auf diese Weise Raum. Notiere auch, was erst einmal keinen Sinn ergibt oder unlogisch erscheint – vielleicht ergibt sich mit der Zeit ein größeres, klareres Bild.

> Mit dem weißen Blatt Papier machst du den leeren Raum sichtbar, der gerade in deinem Leben ist, und erlaubst, dass er sein darf. So kann er sich ganz natürlich über die nächsten Tage, Wochen und Monate füllen.

ÜBUNG
TRÄUMEN UND VISIONIEREN

Was in dieser Zeit des Dazwischenstehens ebenfalls wunderbar funktioniert, ist das Träumen und Visionieren. Damit meine ich: zu schreiben, zu malen, kreativ zu sein, nach innen zu lauschen. Du kannst ein Bild malen, Farben und Formen folgen. Du kannst Musik anmachen, dich dazu bewegen und dich in deinem Inneren bewegen lassen. Vielleicht ist auch einfach nur Stille in dir, dann sei mit ihr. Du kannst deine nächtlichen Träume am Morgen aufschreiben oder tagsüber deinen Träumen und Gedanken nachhängen. Wenn Bilder auftauchen oder Visionen, Ideen, die dein Herz berühren, halte sie auf deine Weise fest. Es geht in dieser Phase nicht darum, Impulse und Ideen umzusetzen. Sondern darum, ihnen Raum zu geben und mit ihnen zu sein. Es ist eine Zeit des Träumens und Visionierens – so wie in den Rauhnächten, der Zeit zwischen den Jahren.

> Die Zeit des Dazwischenstehens ist eine Zeit des Träumens und Visionierens – ähnlich der Zeit der Rauhnächte zwischen den Jahren. Gib deinen Träumen und Visionen immer wieder Zeit und Raum, sodass sie sich zeigen können.

ÜBUNG

MIT DEN HÄNDEN ETWAS TUN

Mit der Frage zu leben, ist herausfordernd. Bemerkst du, dass du in Aktionismus oder in ein Tun-Wollen verfällst, schau, was du mit deinen Händen machen kannst. Gerade dann, wenn du das Gefühl hast, etwas tun zu wollen, aber nichts tun zu können, weil das Neue noch nicht klar ist, kann es erleichternd sein, mit den Händen tätig zu werden.

Du kannst

- im Garten wühlen
- mit Modelliermasse oder Ton Formen entstehen lassen
- Brotteig kneten
- mit Holz oder Stein arbeiten
- nasse Wäsche auswringen
- mit den Fingern malen
- beim Tanzen die Hände mitbewegen

Indem du deine Hände bewegst, spürst du dich wieder. Du kommst wieder im Körper an und damit im jetzigen Moment. Dein Kopf wird ruhiger und es kann sich eine Ruhe in dir einstellen. Vielleicht tauchen sogar Impulse und inspirierende Gedanken auf, manchmal ist es auch einfach eine wohltuende Stille.

> Mit den Händen etwas zu tun, bringt dich in den jetzigen Moment und lässt dich innerlich ruhig werden. Du tust aktiv etwas und kommst zugleich zur Ruhe.

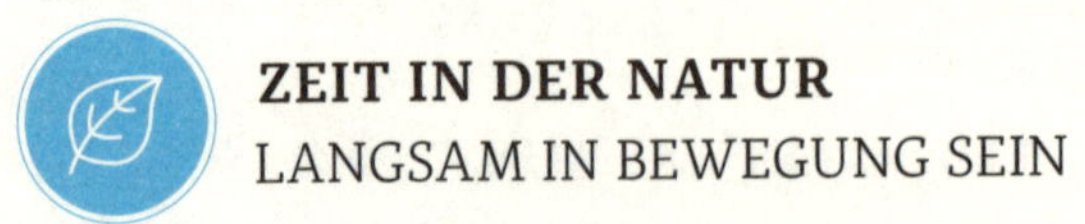

ZEIT IN DER NATUR
LANGSAM IN BEWEGUNG SEIN

Auch langsames Gehen hilft, innerlich zur Ruhe zu kommen. Diese Zeit in der Natur kann dich dabei unterstützen. Ein Spaziergang im Wald kann dir helfen, leichter zu dir und in die Stille zu kommen, weil dein Blick durch die Bäume beschränkt ist und der Fokus mehr auf dich selbst gelenkt wird. Ein Gehen am Meer oder an einem See kann dich die Weite und die Elemente – wie Luft und Wasser – wieder fühlen lasen. Gehst du auf einem Berg oder auf einem Hügel mit Weitsicht spazieren, kannst du vielleicht neue Möglichkeiten und das Gefühl von Freiheit wieder spüren. Gehst du zwischen Feldern oder Wiesen, kann sich ein Gefühl der Geborgenheit und des Teilseins der Landschaft einstellen. Welcher Ort, welche Landschaft passt jetzt am besten zu dir? Wo fühlst du dich wohl? Bürde dir keine zusätzliche Anstrengung auf, indem du einen Ort wählst, an den du erst mit dem Auto oder dem Fahrrad fahren musst. Nutze das, was in deiner direkten Umgebung ist. So ist die Wahrscheinlichkeit größer, dass du auch wirklich in Bewegung kommst. Triff mit dir selbst eine Vereinbarung: Wann wirst du deine langsame Runde gehen? Am Morgen vor dem Frühstück oder am Abend nach der Arbeit? Jeden Tag einmal oder nur am Wochenende? Bleib realistisch: Was ist machbar? Es braucht Überwindung, überhaupt loszugehen, wenn du sonst gerade die meiste Zeit sitzend verbringst. Und es braucht Überwindung, langsamer zu gehen, wenn du sonst immer schnell unterwegs bist. Deshalb: Überfordere dich nicht, aber fordere dich ruhig ein kleines bisschen heraus.

Tipp: Regelmäßigkeit hilft besonders in dieser Zeit des Dazwischenstehens, wenn du nichts im Außen tun kannst, um die Entwicklung zu beschleunigen. Wenn du zum Beispiel immer am gleichen Wochentag oder zur gleichen Uhrzeit am Tag spazieren gehst, weiß das dein System mit der Zeit und kann sich darauf einstellen – vielleicht freust du dich dann sogar auf deine Runde. Weil du merkst, dass dir das langsame Unterwegssein guttut und weil etwas in dir in Bewegung kommt – in deinen Gedanken wie in deinem Inneren.

Mache dir zu Beginn dieser Zeit in der Natur eine Notiz in deinem Kalender, um nach einer bestimmten Zeit, je nachdem, wie oft du gehst, innezuhalten und zu prüfen, was gut geklappt hat: Konntest du die Verabredung mit dir einhalten? Wirst du sie fortführen? Oder braucht es eine Veränderung, eine Anpassung?

> Regelmäßig körperlich in Bewegung zu sein, schenkt einen wohltuenden Rhythmus. Du findest auf diese Weise zu einer heilsamen Balance zwischen Erstarrung und Aktionismus und auch deine Gedanken und Gefühle kommen wieder in Bewegung.

ERKENNEN, WAS DIR WIRKLICH WICHTIG IST

Die Phase des Dazwischenstehens ist eine Zeit, in der du klar herausfinden kannst, was dir wirklich wichtig ist. Es wirklich von deinem Herzen her zu spüren. Was sind deine Werte? Was sind deine Bedürfnisse? Wie willst du leben? Wie sollen dein Weg und dein Leben aussehen? Welche Menschen möchtest du mitnehmen auf diesem Weg? Welche Dinge und Tätigkeiten? Was ist dir wirklich wichtig?

Es ist, als würde sich in dieser Zeit glasklar zeigen, was Sinn für dich macht und was nicht – welche Freundinnen und Freunde weiterhin zu dir passen, ob die Arbeit, der Wohnort, deine Ausrichtung im Leben noch stimmen – und an welcher Stelle es Anpassungen oder Veränderungen braucht. Damit hast du die Möglichkeit, dein Leben grundlegend neu zu gestalten: authentischer, stimmiger, mehr im Einklang mit dir, deinen Wünschen und Bedürfnissen.

Das bewusste Durchgehen durch deine Schwellenzeit kann der Beginn deines eigenen Herzensweges werden, der sich jetzt, in der Phase des Dazwischenstehens, vorbereitet. Denn wenn die festgefahrenen Regeln und Konventionen auf einmal keinen Sinn mehr ergeben, wenn das, was immer so war, auf einmal gar nicht mehr vorhanden ist, entsteht eine Lücke und damit Raum, in dem Neues entstehen kann.

MEDITATION
ERKENNE DEINE BEDÜRFNISSE

Setz dich bequem hin und lege deine Hände übereinander auf deinen Unterbauch. Nimm dir ein paar Atemzüge lang Zeit, deine Aufmerksamkeit zu dir und zu deinem Körper zu bringen. Spüre, wie sich bei jedem Atemzug deine Bauchdecke unter deinen Händen hebt und wieder senkt. Komme bei dir an. Schließe, wenn du magst, die Augen oder lass deinen Blick auf einem Punkt etwas vor dir – zum Beispiel auf dem Tisch oder dem Boden – ruhen, ohne ihn zu fokussieren. Lass nun vor deinem inneren Auge ein Bild von einem Tag in deinem Leben entstehen, an dem du rundum gut für dich sorgst und deine Bedürfnisse erfüllst. An dem du nach dir schaust und dir bewusst bist, was du brauchst. Wie sieht solch ein Tag aus? Was tust du an solch einem Tag? Gibt es etwas, das unbedingt in diesem Tag enthalten ist? Routinen oder Rituale, die dir wichtig sind? Wie läuft solch ein Tag ab? Mit welchen Menschen bist du zusammen? Oder bist du alleine? Wo bist du? Nimm dir Zeit, das innere Bild ganz klar werden zu lassen. Sieh, welche Elemente ein Tag enthält, an dem du rundum deinen Bedürfnissen folgst. An dem du dich wohl und mit dir verbunden fühlst und in innerem Frieden mit dir und der Welt bist. Lass dieses Bild ganz deutlich vor deinem inneren Auge entstehen und verweile damit. Vielleicht siehst du etwas, vielleicht fühlst du etwas oder es ist wie ein inneres Wissen. Bleibe dabei und nimm wahr. Bedanke dich nach zehn bis 15 Minuten oder dann, wenn du das Gefühl hast, es ist genug, bei dem inneren Bild, dass es sich dir gezeigt hat. Lass es nun langsam wieder verblassen und spüre deinen Körper bewusst. Nimm die Hände wahr, die immer noch auf deinem Unterbauch ruhen. Spüre das Heben und Senken deiner Bauchdecke. Nimm dich wahr in deinem Körper. Spüre den Boden unter deinen Füßen. Spüre, wie dein Po die Sitzunterlage berührt. Nimm wahr, dass deine Wirbelsäule aufgerichtet ist und dich hält und trägt. Atme einmal bewusst ein und aus. Öffne dann langsam die Augen, wenn du sie geschlossen hast, sieh dich im Raum um, komme ganz an im Hier und Jetzt. Wenn du magst, strecke und recke dich, gähne.

Notiere anschließend in deinem Notizbuch oder auf deinem weißen Blatt Papier die Elemente, die für dich in dem Bild, das sich dir gezeigt hat, besonders wichtig waren. Als Erinnerung, wie deine Bedürfnisse aussehen und wie du sie dir in deinem Alltag erfüllen kannst.

> Indem du solch einen Tag, an dem du rundum gut für deine Bedürfnisse sorgst und im Frieden bist mit dir, vor deinem inneren Auge entstehen lässt, siehst du klar, was es wirklich für dich braucht, was dir guttut und dich nährt.

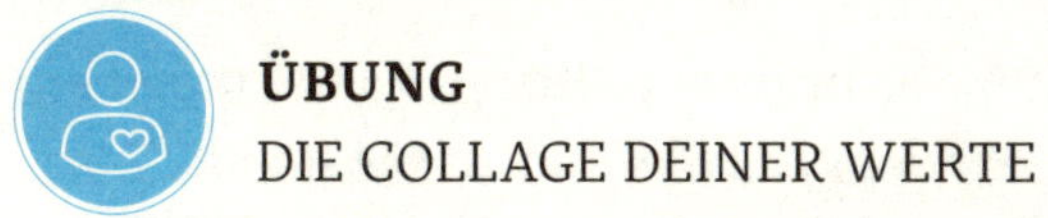

ÜBUNG

DIE COLLAGE DEINER WERTE

Lass nach und nach eine Collage deiner ganz persönlichen Werte entstehen. Nutze das weiße Blatt Papier aus der weiter vorne beschriebenen Übung, um darauf deine Werte zu notieren, aufzumalen oder als Bild aufzukleben. Wann immer du merkst: Dies ist mir in meiner Tätigkeit wichtig. Diese Art zu leben schätze ich sehr. Das will ich nicht mehr missen in meinem Leben, etwa Respekt, Kreativität, Spontanität, Vertrauen, Offenheit. Dieser Wert, zum Beispiel Achtsamkeit, Mitgefühl, Zuverlässigkeit, Umsicht, Sorgsamkeit, ist mir wesentlich, halte es auf deinem weißen Blatt Papier fest. Mit der Zeit spiegelt es dir immer mehr die Werte, die dir wirklich wichtig sind. Das, wonach du dich in deinem Leben ausrichten möchtest – und damit auch wonach nicht.

> Indem du deine Werte sichtbar machst, siehst du auf einen Blick, welche zu deinem Leben dazugehören sollten und dir von Herzen wichtig sind.

ÜBUNG

DAS WESENTLICHE SICHTBAR MACHEN

Auf dem weißen Blatt Papier hast du nach und nach deine Bedürfnisse und Werte festgehalten. Kreiere nun bei dir zuhause einen Ort für das, was dir in deinem Leben wesentlich ist. Er kann auf einer Kommode sein oder in einer Zimmerecke, auf einem kleinen Tisch, in einem Regal oder auf dem Fensterbrett. Vielleicht entsteht er in unmittelbarer Nähe zu deinem weißen Blatt Papier. Finde Symbole und Gegenstände – wie Figuren, Postkarten, Fotos oder etwas aus der Natur –, die ausdrücken, was dir am Herzen liegt und wesentlich für dein Leben ist. Platziere sie an diesem Ort. Wenn es dir beispielsweise wichtig ist, Zeit in der Natur zu verbringen, kannst du ein kleines Moosbett auf diesen Platz legen oder du stellst eine Postkarte auf, die Bäume zeigt. Sind Beziehungen oder Liebe ein Wert für dich, kannst du dort ein Herz platzieren. Dir ist es wichtig, die Achtsamkeit mehr Teil deines Lebens werden zu lassen? Dann lege dir ein Armband oder einen Symbolgegenstand an diesen Platz, der oder das für dich die Achtsamkeit verkörpert. Ist dir Respekt wichtig, findest du vielleicht eine schöne Postkarte mit einem passenden Spruch. Ist dir Kreativität wichtig, gestalte etwas nur für diesen Platz. Dieser Platz kann auch eine Art Altar für dich sein – ein Ort, an dem du die Dinge versammelst, die ausdrücken, was dir wirklich wichtig ist. An dem du innehältst, sie in die Hand nehmen und wirklich anfassen kannst. Ein Ort, der dich an das Wesentliche in deinem Leben erinnert.

> Es kann ein schönes Ritual sein, dich regelmäßig mit dem Wesentlichen in deinem Leben und damit auch mit dir selbst zu verbinden. Auf diese Weise entsteht ein Ankerort, der dich mitten im Alltag an das erinnert, was wirklich wesentlich für dich ist.

ERSTE-HILFE-BOX
für die Phase des Dazwischenstehens

- Lass dir Zeit – es gibt gerade nichts Wesentlicheres zu tun, als dich dir selbst zuzuwenden.
- Wenn alle sagen, du musst jetzt eine Lösung finden, wisse: Die Lösung zeigt sich in dir.
- Wenn du unruhig wirst, suche deinen Ort der Stille auf oder tue etwas aktiv mit deinen Händen. Bringe deinen Körper in Bewegung. So kommt Erstarrtes in Bewegung und Ruhe kann sich in dir ausbreiten.
- Wenn du verzagt bist, nimm Platz an dem Ort, an dem du das Wesentliche in deinem Leben sichtbar gemacht hast. Nimm eines der Objekte, die du dort platziert hast, in die Hand. Fühle seine Schönheit und seinen Wert für dich. Spüre, was sich dadurch in deinem Körper verändert. Vielleicht möchtest du dazu auch kurz die Augen schließen.
- Verweile immer wieder an Orten, die dir Kraft schenken – an deinem Ort der Stille, vor deinem weißen Blatt Papier, das sich langsam füllt, oder mit deinem Notizbuch, das all deine schönen Entdeckungen und Erkenntnisse enthält und dich durch deine Schwellenzeit begleitet. Erlaube, dass diese Momente des Verweilens zu kleinen Auszeiten in deinem Alltag werden.
- Nimm wahr, dass diese Orte zugleich Rückzugsorte sind, an die du jederzeit zurückkehren kannst.
- Erlaube dir, gute Bedingungen für dein Wachstum zu schaffen: Es braucht jetzt vor allem Zeit und Raum für dich. Kleine Momente im Alltag, in denen du ganz mit dir sein kannst. So, wie der Same in der Erde eine Weile braucht, um sich vorzubereiten für die Zeit des Wachsens und Er-

blühens, so darfst auch du dir Zeit nehmen, um innezuhalten und dich zu sortieren in dieser Phase des Dazwischenstehens.

- Auch wenn du das Gefühl haben solltest, dass es da keine klare Stimme in dir gibt, die dir den Weg weist, mache dir bewusst: Es gibt sie. Auch in dir. So, wie in jedem Menschen. Es braucht manchmal einfach etwas Zeit und Geduld, um sie wieder wahrnehmen zu können.
- In der Frage zu leben und erst einmal ohne Antwort und Lösung dazustehen ist neu und fühlt sich oftmals ungewohnt an. Es sind ganz neue Wege, die du beschreitest. Du darfst dich anerkennen dafür.
- Was tut dir jetzt ganz konkret gut: Ein Spaziergang? Ein Stück Kuchen? Ein Glas kaltes Wasser? Ein Tier zu streicheln? Nutze ganz konkrete, praktische Dinge, die jetzt gut für dich sind. Am besten solche, die deine Sinne mit ansprechen – bei denen du etwas riechen, schmecken, fühlen oder hören kannst.
- Erlaube dir, liebevoll mit dir selbst zu sein. Es ist eine herausfordernde Zeit, die du gerade erlebst. Und du tust dein Bestes – jederzeit.

Reflexionsfragen

- Was tut dir jetzt gut?
- An welchen Orten kannst du neue Kraft tanken?
- Welche Orte lassen dich zur Ruhe kommen?
- Was unterstützt dich darin, still zu werden in dir?
- Was hilft dir, wenn alles unruhig ist in dir?
- Wie kannst du in der Frage leben?
- In welchen Momenten hast du schon einmal die leise, klare innere Stimme wahrgenommen, die dir den Weg weist?

- Was hat dir damals geholfen, sie wahrzunehmen?
- Was ist dir wirklich wichtig?
- Mit welchen Menschen, Dingen, Routinen und Ritualen möchtest du weitergehen?
- Welches sind deine Bedürfnisse und Werte?

Stärkungssatz

Lösungen, Antworten und nächste Schritte werden sich in ihrem Tempo zeigen. Das Wesentliche, das ich jetzt tun kann, ist, mir Zeit und Raum zu nehmen, um nach innen zu lauschen, in mir zur Ruhe zu kommen und meine innere Stimme wieder wahrzunehmen.

Das Wesentliche auf einen Blick

- Nimm dir Zeit und Raum für dich – das ist das Wesentliche, das du jetzt tun kannst.
- Es gibt gerade keine Schritte, die du im Außen gehen kannst. Es geht vor allem darum, nach innen zu lauschen und den Impulsen, die du in dir wahrnehmen kannst, Raum zu geben.
- Möchtest du unbedingt etwas Konkretes tun, nutze eine der Übungen, bei denen du in Bewegung kommst.
- Indem du dir Zeit und Raum für dich nimmst, können sich Antworten und neue Möglichkeiten langsam zeigen. Auch wenn es sich manchmal so anfühlt, als würde nichts passieren, so geschieht doch sehr viel in dir.
- Nach innen zu lauschen und deinen eigenen Antworten Raum zu geben, hat den großen Vorteil, unabhängiger zu werden von der Meinung und den Ansichten anderer. Du lernst, dir selbst zu vertrauen und deinen eigenen Weg zu gehen.

- Die Zeit des Dazwischenstehens kann zu einem ersten Schritt in Richtung deines eigenen Herzensweges werden – hier wirst du dir deiner Werte und Bedürfnisse bewusst. Du weißt immer klarer, was du wirklich willst.
- Damit ist die Zeit des Dazwischenstehens keine verlorene, sondern eine ganz wesentliche Zeit, in der du die Grundsteine für deinen weiteren Weg legst.

PHASE 4
DAS NEUE ZEIGT SICH LANGSAM

Sei behutsam mit dir, erwarte nicht zu viel.
Dein neues Gefieder braucht Zeit, ehe es sich ganz entfaltet.
Doch gehe auch weiter, Schritt für Schritt.
Setze einen Fuß vor den anderen,
hinein in den neuen Raum, der da ist.

Du bist in der letzten Phase deiner Schwellenzeit angekommen. Hier vollzieht sich eine Wandlung: Nachdem du zu Beginn, in der Phase des Sterben(lassen)s, den Blick von außen nach innen gerichtet hast und im Verlauf des Wandels immer mehr mit dir und deiner inneren Welt in Kontakt gekommen bist, bist du nun aufgefordert, den Blick ganz langsam wieder nach außen zu richten. Die Zeit der Innenschau ist vorbei. Es geht jetzt darum, das, was du innerlich wahrgenommen hast, was in dir herangereift ist, langsam ins Leben zu bringen.

Es geht nicht mehr darum, nur zu lauschen, sondern ganz allmählich in die Umsetzung zu kommen. Das kann Angst machen, weil du vielleicht das Gefühl hast, noch nicht soweit zu sein. Vielleicht war es auch ganz behaglich in dieser Innenschau, abgewandt von der Welt. Vielleicht ist es die Intensität dieser tiefen Phase deiner Schwellenzeit, die du schon jetzt vermisst. Diese Zeit, in der es nur um die essenziellen Fragen in deinem Leben ging. Vielleicht spürst du aber auch Aufbruchsstimmung und möchtest am liebsten gleich loslegen – am besten gestern schon. Du kannst es kaum erwarten, den ersten Schritt zu setzen und endlich ins Tun zu kommen. In dieser Phase, in der das Neue sich langsam zeigt, geht es um beides: Der inneren Stimme vertrauensvoll zu folgen und dranzubleiben auf deinem Weg. Eine Balance zwischen innerer Klarheit und Offenheit für die Umsetzungswege, die sich zeigen werden. Und auf diese Weise ganz langsam, Schritt für Schritt, den Weg wieder von innen nach außen zu gehen. Denn es bringt nichts, wenn deine innere Stimme dir klare Impulse gibt, was jetzt in deinem Leben ansteht oder sein will – du sie aber ignorierst. Dann hilft die ganze innere Führung nichts, aus der der neue Weg entstehen kann.

In den Einzelsitzungen, die ich gebe, erlebe ich es sehr oft: Menschen wissen ganz genau, *was* in ihrem Leben ansteht – sie kennen den nächsten Schritt, wissen, was sie umsetzen wollen oder sollen oder was Neues in ihr Leben kommen will. Sie tragen eine Vision in sich, haben eine innere Ahnung oder auf eine andere Art ein inneres Wissen. Sie wissen, *was* sie tun wollen. Doch sie wissen nicht, *wie* es gehen kann. Und weil das *Wie* nicht klar ist, zweifeln sie an ihrem Weg. Dabei ist das Wichtigste, was du nun tun kannst, deinem inneren *Was* zu vertrauen: *Was* steht an. Die Wege, *wie* du es in die Welt bringen und verwirklichen kannst, zeigen sich dann von alleine.

ERFAHRUNGSBERICHT

Auf dem Weg zum Friseur die Antwort finden

Schon länger suche ich nach einer Wohnung. Ich weiß, dass ich nach vier Monaten Zwischenmiete in Luzern aufs Land umziehen möchte. In den Kanton Obwalden, ohne genau zu wissen, in welchen Ort dort. Es soll eine Wohnung mit hohen Decken sein, um frei denken und arbeiten zu können. Ruhe brauche ich und Natur um mich herum. Ich schaue mir einige Wohnung an, doch nichts scheint passend. Ich frage mich, wie ich die passende Wohnung finden soll, wenn ich mich doch kaum auskenne im Kanton. Eines Tages habe ich einen Friseurtermin im Kanton Obwalden, bei der Bekannten einer Freundin. Auf dem Hinweg fährt der Bus durch ein kleines Dorf, das ich bislang noch nicht kannte. Schön ist es hier, denke ich. Am nächsten Tag ist im Wochenblatt eine Wohnung genau in diesem Dorf annonciert. Ich vereinbare einen Besichtigungstermin. Als ich die Wohnung das erste Mal betrete, staune ich: Ich habe direkt das Gefühl, in meiner Wohnung angekommen zu sein: Hohe Decken, Weitblick auf Berge, Wälder, See und Wiesen rundherum. Ich bekunde mein Interesse und erhalte wenige Wochen später vom Vermieter die Zusage. Es ist der Ort, an dem ich bis heute wohne.

Damals wusste ich ganz klar, was ansteht (Umzug aufs Land, Kanton Obwalden, Weite, hohe Decken) und hatte keine Ahnung, wie ich es verwirklichen und die passende Wohnung finden sollte. Es brauchte eine Balance aus innerer Klarheit (was möchte ich) und Offenheit (nicht zu wissen, auf welchem Weg sich die Lösung zeigt, aber gewiss zu sein, dass sie sich zeigen wird). Es ist ein Beispiel dafür, dass sich das *Wie* zeigt, wenn wir mit dem *Was* verbunden bleiben. Das heißt, du musst nicht wissen, wie sich das, was du jetzt in dir spürst, in deinem Leben verwirklicht. Wichtig ist, dass du an ihm dranbleibst.

DER INNEREN STIMME FOLGEN

Folgende Übungen unterstützen dich dabei, die Balance zwischen der inneren Klarheit und den Schritten in die konkrete Umsetzung zu finden.

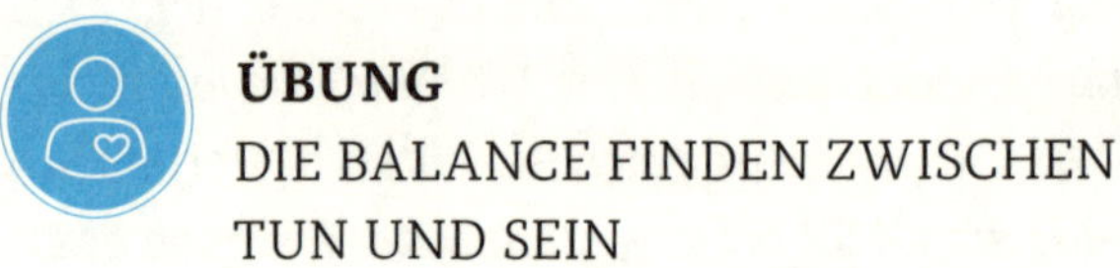

ÜBUNG
DIE BALANCE FINDEN ZWISCHEN TUN UND SEIN

Wenn es darum geht, das Neue in unserem Leben umzusetzen, führt die Balance zwischen Tun und Sein am ehesten zum Erfolg. Sprich: Ausgerichtet zu bleiben auf das, was kommen will, einen nächsten Schritt zu gehen, wenn er ansteht, und zugleich offenzubleiben und abzuwarten, welche Wege sich als nächstes zeigen.

Mir hilft dabei sehr das Bild einer klar ausgerichteten Hand und einer empfangenden Schale: Dafür hältst du deine linke Hand, die näher mit deinem Herzen verbunden ist, senkrecht vor die Mitte deiner Brust. Der Daumen kann hierbei leicht das Brustbein berühren, die Fingerspitzen zeigen nach oben. Strecke nun einmal deinen linken Arm waagerecht nach vorne, vom Herzen weg in den Raum hinein. Die Handkante zeigt dabei klar nach vorne: Sie weist dir den Weg und bereitet den Weg vor dir vor. Ziehe dann den Arm wieder zurück, bis die Hand wieder vor der Mitte deiner Brust ruht und der Daumen leicht deinen Brustkorb berührt.

Forme dann mit der rechten Hand eine Schale. Halte diese Schale unter die linke Hand. Der kleine Finger der rechten Hand kann dabei dein Zwerchfell oder den oberen Bauch leicht berühren. Diese Schale steht für das Empfangen, dafür, bereit zu werden für die Wege des Lebens.

Beide Hände zusammen verkörpern die beiden Qualitäten von Tun und Sein: Die linke Hand führt klar den Weg, sie steht für das Aktive, deine mit dem Herzen verbundenen Schritte, die sich aus dem inneren Lauschen und Empfangen durch deine rechte Hand speisen. Spüre dieser Geste und ihrer Bedeutung noch eine Weile nach und lass die Hände dann wieder sinken.

> Immer dann, wenn du merkst, dass du zu sehr in einen Aktionismus kommst oder den Wegen, die anstehen, nicht vertraust, forme die Hände auf diese Weise. Spüre der Geste nach. Werde dir erneut bewusst, dass es um beides geht: Klar ausgerichtet zu sein und offenzubleiben für die Wege, die das Leben mit dir geht.

ÜBUNG

AUSPROBIEREN, WAS GESCHIEHT

Wir müssen nachschauen gehen, um zu wissen, was geschieht. Sprich: Wenn du einen konkreten Impuls in dir spürst – in eine bestimmte Richtung zu gehen, dich bei jemandem zu melden oder eine gewisse Entscheidung zu treffen –, musst du ausprobieren, was geschieht, wenn du diesem Impuls folgst. Du kannst nicht wissen, ob du deiner inneren Führung vertrauen kannst, wenn du ihren Impulsen nicht folgst. Erst indem du das tust, wirst du ein Vertrauen entwickeln, das sich nicht aus dem Verstand oder der Theorie speist, sondern aus deiner praktischen Erfahrung. Dann wird es dir auch in Zukunft leichterfallen, deiner inneren Führung zu vertrauen und dich von ihr auf deinem Weg leiten zu lassen. Taucht also das nächste Mal ein innerer Impuls auf, der ganz klar ist, traue dir und folge ihm. Schau, wohin er dich führt und welche nächsten Schritte durch ihn möglich werden.

Du kannst deine Erfahrungen auch in deinem Notizbuch festhalten – auf diese Weise kannst du, wenn du künftig einmal zweifeln solltest an deiner inneren Führung, nachlesen, welche Möglichkeiten und Wege neu entstanden sind, indem du ihr gefolgt bist.

ERFAHRUNGSBERICHT

Geh rechts!

Bei einem vierwöchigen Sprachkurs in Frankreich fehlen mir die Freunde. Mir fehlen Menschen, mit denen ich etwas unternehmen kann, ein Ort, an den ich gerne gehe, vielleicht ein kleines Café. An einem Nachmittag möchte ich die Altstadt erkunden. An einer Kreuzung höre ich meine innere Führung auf einmal ganz klar sagen: Geh rechts. *Ich schaue mich um: Da ist nichts. Nur alte, verfallene Häuser. Schon will ich mich wieder links der Altstadt zuwenden, als ich wieder in mir höre:* Geh rechts. *Ich drehe mich nach rechts. Inzwischen habe ich schon einige Erfahrung mit der inneren Führung gemacht und ich beschließe, ihr zu vertrauen. Ich biege rechts ab, gebe meinen ursprünglich im Kopf gefassten Plan, heute die Altstadt zu erkunden, auf und gehe an den alten, verfallenen Häusern vorbei. Nach der nächsten Kreuzung ist immer noch nichts zu sehen, außer alter, verfallener Häuser. Ich will schon anfangen innerlich zu meckern, als ich plötzlich vor einem kleinen, hübsch hergerichteten Fachwerkhaus stehe: ein Café mit Bioladen. Ich gehe hinein. Der Besitzer ist freundlich und erklärt mir, dass er den Laden erst vor wenigen Tagen eröffnet hat. Wir kommen ins Gespräch, verstehen uns schnell gut. Es wird der Laden, in den ich von nun an fast jeden Tag gehe. Hier treffe ich neue Freunde von der Sprachschule, nehme an Veranstaltungen teil, freunde mich mit dem Besitzer an und bin noch lange nach meinem Sprachaufenthalt mit ihm in Kontakt. Diese eine Entscheidung, rechts abzubiegen statt links, und der inneren Führung zu vertrauen, hat meinen ganzen Sprachaufenthalt positiv verändert.*

> Es braucht unser Ausprobieren, um zu erfahren, welche Wege und Möglichkeiten sich ergeben, wenn wir der inneren Führung vertrauen und folgen. Nicht das bloße Nachdenken darüber bringt uns ins Vertrauen, sondern die gemachte Erfahrung.

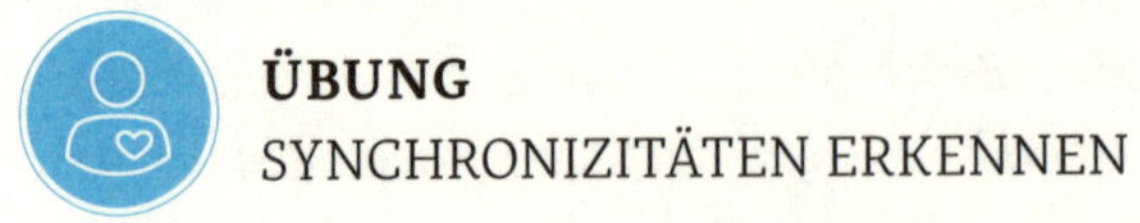

ÜBUNG
SYNCHRONIZITÄTEN ERKENNEN

Ich stelle mir das Leben so vor: Da gibt es Sabrina, die sieht, was links und rechts von ihr passiert – ähnlich dem Männchen, das man in die Online-Landkarte ziehen kann, um dann die Häuser in der direkten Umgebung zu erkennen. So gehen wir gefühlt alle durchs Leben: Wir sehen, was direkt vor unserer Nase ist und um uns herum. Wir kennen die Straße, in der wir leben, vielleicht die Nachbarn, das direkte Umfeld. Wir haben den Blick von unten. Was uns fehlt, ist der Blick von oben. Ich stelle mir vor, dass es da zugleich diese Instanz gibt, die den Blick von oben hat, auf die gesamte Landkarte. Die das kleine Männchen da unten (mich) sieht und auch, was alles sonst noch passiert. Die erkennt: Wenn Sabrina jetzt hier rechts abbiegt, wird sie, wie ich es zwei Seiten zuvor beschrieben habe, zwei Straßenecken weiter dieses tolle Café mit Bioladen kennenlernen, von dem ich selbst noch keine Ahnung habe, dass es überhaupt existiert. Und wie eine Info, die ich über einen kleinen Lautsprecher im Ohr bekomme, sagt dann die innere Führung: *Hier bitte rechts abbiegen.* Weil sie mehr weiß und mehr sieht als ich. Vertraue und folge ich so der inneren Führung, erlebe ich, wie sich die Dinge im Leben fügen. Synchronizitäten tauchen in meinem Leben auf: Alles greift zur rechten Zeit auf die richtige Weise ineinander. Für mich ist das Auftauchen von Synchronizitäten ein schönes Beispiel dafür, wie es sich anfühlen kann, durchs Leben zu gehen und dabei der inneren Stimme zu vertrauen und zu folgen. Wie die Dinge dann wie kleine Zahnrädchen ineinandergreifen und ein größeres Ganzes ergeben. Auf einmal fühlen wir uns eingebunden und erleben, dass da noch größere Kräfte am Werk sind.

Wir staunen: Kann das wirklich sein? So gut fügt sich alles ineinander! Das hätte ich mir gar nicht ausdenken können. Dabei müssen wir nicht wissen, auf welche Weise sich die Dinge fügen könnten – es reicht, dem zu folgen, von dem wir spüren, dass es jetzt dran ist in unserem Leben.

Schau einmal, welche Lösungen und Wege, auf die du selbst nicht gekommen wärst, sich ergeben, wenn du deiner inneren Stimme vertraust und folgst: Welche Menschen triffst du auf diesen Wegen? Welche Orte lernst du neu kennen? Welche Möglichkeiten ergeben sich auf einmal? Du wirst wissen, dass sich etwas gefügt hat, wenn du erkennst, dass du auf einmal die Lösung deines Problems in den Händen hältst oder dem nächsten Schritt ein großes Stück nähergekommen bist.

Notiere gerne in deinem Notizbuch, welche Synchronizitäten dir in der nächsten Zeit begegnen oder auch kürzlich begegnet sind. Manchmal weißt du später vielleicht selbst nicht mehr, dass du zuvor noch mit dieser Frage oder jener Sorge unterwegs warst – so passend, stimmig und zur rechten Zeit zeigt sich die Antwort.

> Neben unserem eigenen, begrenzten Blick auf die Welt gibt es eine Instanz, die einen umfassenderen Blick auf das hat, was geschieht. Indem wir ihr vertrauen, erleben wir, wie sich die Dinge auf erstaunliche und stimmige Weise fügen. Lösungen tauchen auf, die wir uns selbst nicht hätten ausdenken können, und wir erfahren uns als eingebunden in das größere Ganze des Lebens.

SICH LANGSAM NACH AUSSEN WENDEN

Jetzt, in der letzten Phase deiner Schwellenzeit, ist es an der Zeit, die Fühler langsam wieder nach außen zu strecken. Dich umzuschauen und zu erkennen, wo du bist. Das tiefe Tal hast du durchschritten, nun warten neue Wege auf dich. Wege, auf die du dich freust und die du herbeisehnst oder Wege, vor denen du noch etwas zurückschreckst. Vielleicht auch Wege, mit denen du einfach mitgehen kannst.

Prüfe immer wieder, wie du gerade unterwegs bist, auf dem Weg ins Neue. Folgende Übungen unterstützen dich dabei.

ÜBUNG
WIE BIST DU UNTERWEGS AUF DEM WEG INS NEUE?

Wie geht es dir gerade mit dem Neuen, das dich erwartet? Mit dem Wissen, dass es darum geht, langsam in die Umsetzung zu kommen? Dich von innen nach außen zu wenden? Den inneren Kokon wieder zu verlassen und aufzubrechen in einen neuen Alltag? Spüre den folgenden Antwortmöglichkeiten (a-c) nach: In welchen findest du dich wieder?

a) **Endlich loslegen**
Ich freue mich schon sehr auf das Neue. Ich kann es gar nicht erwarten, bis es kommt. Ich will endlich loslegen, machen und tun. Eigentlich geht mir das alles viel zu langsam. Sobald ich eine erste Erkenntnis habe und weiß, wie der Weg aussehen könnte, will ich alles dransetzen, um es zu verwirklichen. Manchmal gehe ich dabei auch mit dem Kopf

durch die Wand. Geduld ist nicht meine Stärke und Langsamkeit auch nicht. Es soll alles schneller gehen, als es das momentan tut.

b) Im schützenden Kokon bleiben

Eigentlich will ich gar nicht rausgehen. Ich fand das gut, diese Innenschau. Es war zwar schmerzhaft, ein tiefes Tal, aber irgendwie auch erholsam, so abgeschnitten zu sein von der Außenwelt. Ich war ganz mit mir in Verbindung, musste nicht in den Alltag zurück, den ich eh nicht mochte, der mich überforderte oder in dem ich mich häufig verloren habe. Sowieso ist mir alles zu banal in diesem Alltag, die Intensität fehlt. Außerdem fühle ich mich noch nicht bereit, wieder nach außen zu gehen. Mir ist noch nach Stille und Ruhen, ich will nicht nach draußen. Nicht wieder mit Menschen in Kontakt kommen und funktionieren müssen.

c) Bereit für das Neue

Du merkst, dass das Neue konkret wird und du bist bereit dafür. Nächste Schritte, die anstehen, gehst du, und bleibst zugleich in Verbindung mit dir. Das Wissen darum, dass alles aus der Stille und dem Nicht-Wissen entsteht, begleitet dich weiterhin. So nimmst du dir Zeit zum Lauschen, Spüren, fürs Innehalten und Momente mit dir. Hieraus entstehen deine nächsten Schritte, die gegangen werden wollen.

Erfahre, was dich unterstützt im jeweiligen Bereich:

a) **Endlich loslegen – Das unterstützt dich jetzt**
Hier ist es hilfreich, immer wieder zu prüfen, ob du noch mit dir verbunden bist. Ob das, was du im Außen umsetzt, deinem Inneren entspricht. Nimm dir Zeit, regelmäßig in die Stille zu gehen und zu lauschen: Was zeigt sich dir an Impulsen? Welche Notizen hast du dir während der Zeit des Dazwischenstehens gemacht? Bist du noch auf dem Weg, der sich dir in dieser Zeit gezeigt hat? Korrigiere nach, wenn du dich verrannt hast. Gehe langsamer an den Stellen, an denen du merkst, du bist zu schnell unterwegs. Bleibe verbunden mit dir. Du kannst die Übungen aus dem Kapitel *Dazwischenstehen* nutzen, um wieder mehr in Kontakt mit dir, deinem Körper, deinem Weg, der Natur und der Stille zu kommen.

b) **Im schützenden Kokon bleiben – Das unterstützt dich jetzt**
Prüfe hier nochmal, ob du wirklich schon an dem Punkt bist, an dem sich das Neue zeigt und bereit wird zur Umsetzung. Falls es noch nicht soweit ist, nutze die Anregungen aus Phase 3 zum Dazwischenstehen, um dieser Zeit noch etwas mehr nachzuspüren und Raum zu geben. Es kann aber auch sein, dass du dir selbst vormachst, du seist noch nicht im Neuen, obwohl es längst schon da ist – vielleicht, weil du Angst vor dem Neuen hast oder vor den Schritten, die auf dich zukommen oder dich erwarten. Wenn dies auf dich zutrifft, schau, was und wer dich jetzt unterstützen kann. Gibt es Menschen, die dir bei den ersten konkreten Schritten weiterhelfen können? Was brauchst

du, um gut wieder ins Außen und ins Tun kommen zu können? Ein Übergangsritual (wie das nachfolgend beschriebene Ritual *Den Übergang ins Neue bewusst gestalten*)? Oder ein bewusstes Würdigen der Zeit, in der du dich befunden hast? Spüre hin, was es jetzt braucht. Nutze alles, was dir hilft, den Schritt ins Neue und damit nach außen bewusst gehen zu können.

c) **Bereit für das Neue – Das unterstützt dich jetzt**
Du bist in einer stimmigen Balance aus aktivem Tun und Sein unterwegs. Behalte diese bei. Sie wird dich gut auf dem Weg in das Neue begleiten, sodass du noch stärker in der Umsetzung und damit in deinem neuen Alltag ankommen kannst.

> Indem du erkennst, wie du unterwegs bist auf dem Weg ins Neue, siehst du, wo noch Stolperstellen warten und auf welche Weise du dich jetzt selbst unterstützen kannst. Sodass du auf sanfte und entspannte Art im Neuen ankommen kannst.

RITUAL
DEN ÜBERGANG INS NEUE BEWUSST GESTALTEN

Die Phase, in der das Neue sich langsam zeigt, bereitet uns vor auf den neuen Alltag. In diesem werden wir wieder mitten im Leben stehen. Manchmal kann es sein, dass dieser Übergang bewusst vollzogen werden will. Vor allem, wenn du spürst, dass dir eigentlich noch gar nicht danach ist, wieder nach außen zu gehen – auch wenn alle Zeichen darauf hinweisen, dass sich das Neue langsam zeigt, konkreter wird oder schon da ist. In solch einem Moment kannst du das folgende Ritual für dich nutzen.

Vorbereitung

Nimm dir eine Stunde oder etwas länger Zeit. Gestalte dir einen gemütlichen Kokon: am besten auf deinem Bett, alternativ auf dem Sofa, am Boden oder an einem anderen Ort, an dem du gerne verweilst oder an dem du vielleicht während deiner Schwellenzeit besonders lange und viel verweilt hast. Gestalte dir diesen Ort mit Kissen und Decken – wie ein gemütliches Nest. Verdunkle den Raum, sodass es angenehm für dich ist.

Ablauf

1. Kuschele dich nun ein in deinen Kokon. Spüre nochmal der Stille, der Tiefe und der Dunkelheit nach, die während deiner Schwellenzeit so sehr Teil deines Lebens waren. Du hast Dinge, Umstände oder Menschen sterben lassen. Du hast getrauert und Abschied genommen. Du bist bewusst an den tiefsten Punkt auf dieser Reise gegangen und hast dir erlaubt, mit offenen Händen dazustehen.

2. Erinnere dich jetzt noch einmal an dein Verweilen in der Phase des Dazwischenstehens: Nach innen hast du gelauscht, auf das, was kommen will. Bist still geworden und hast dich wieder mit deiner inneren Stimme und inneren Führung verbunden.

3. Jetzt bist du hier: Das Neue zeigt sich langsam und du spürst, dass es bald Zeit sein wird (oder schon ist), aufzu-

brechen. Das, was du im Inneren und Dunklen erahnt hast, in die Welt und damit in dein Leben zu bringen und umzusetzen.

4. Spüre eingekuschelt in deinen Kokon noch einmal dem Weg nach, den du bis hierher zurückgelegt hast. Wertschätze dich dafür. Du kannst dafür zum Beispiel eine Hand auf dein Herz legen und dir ein stummes oder lautes *Danke* sagen.

5. Beginne dann, dich langsam zu räkeln: Spüre bewusst die Aufbruchsstimmung, die jetzt da ist. Nimm wahr, wie sich das Neue langsam nähert. Gestalte dann mit den Bewegungen deines Körpers rituell den Übergang vom Innehalten und nach innen Lauschen, von der Stille und Dunkelheit deiner Schwellenzeit, hin zum neuen Licht. Vom Eingekuscheltsein kommst du ins Tun. Recke und strecke dich, bewege die Füße, Hände, Arme und Beine. Vielleicht magst du seufzen oder gähnen oder beim Räkeln weitere Töne machen. Reibe dir die immer noch geschlossenen Augen, streiche sanft über deinen Kopf, streiche deinen Körper einmal von oben nach unten ab. Vielleicht magst du dich auch selbst noch für einen kurzen Moment in den Arm nehmen und halten, bevor du langsam deine Augen wieder öffnest.

6. Schaue dich um. Nimm das Licht, das vielleicht durch die Vorhänge oder den Rollladen schimmert, wahr. Mache dich dann bereit, langsam deinen Kokon zu verlassen: Lege ein paar der Kissen oder Decken zur Seite, komm zum Sitzen. Vielleicht magst du hier wieder einen Moment innehalten, vielleicht auch direkt die Füße und Beine aus dem Kokon strecken, schau, was dran ist. Beweg dich noch mehr, komm

langsam auf die Beine. Recke und strecke dich jetzt im Stehen noch einmal ganz bewusst.

7. Dann gehe langsam zu dem Rollladen oder den Vorhängen und öffne sie ein Stück weit. Halte inne. Öffne sie dann ein Stück weiter. Und wieder weiter. So lange, bis du ganz im Licht bist.

8. Schau dich noch einmal um: Blicke auf den Kokon, in dem du die letzte Zeit verbracht hast. Bedanke dich bei ihm, dass er für dich da war. Wende dich dann wieder dem Fenster und dem Licht zu, das hereinfällt. Spüre, wie das Licht dich nach vorne und draußen bringt. Wie es dich ins Leben holt. Wie es dein Leben wieder mit Leben, Leichtigkeit und Lebendigkeit füllt. Wie du aufgerufen bist, wieder aktiv am Leben teilzunehmen. Spüre in dich hinein, vielleicht mit einer Hand auf dem Herzen, ob das Licht eine Botschaft hat, die es dir mitgibt. Einen Satz, der dich jetzt stärkt. Bedanke dich abschließend beim Licht.

9. Schließe das Ritual ab: Räume den Kokon oder das Nest auf, lege die Kissen und Decken wieder beiseite, dorthin, wo du sie hergeholt hast. Belasse den Raum lichtdurchflutet. Kehre in deinen Alltag zurück. Vielleicht möchtest du noch etwas in deinem Notizbuch aufschreiben – deinen Stärkungssatz des Lichts zum Beispiel – oder den Ort für deine Schwellenzeit neu gestalten – mit mehr Licht und Aufbruchsstimmung. Schau, was du jetzt brauchst: ein Spaziergang, ein Musikstück zum Anhören, eine Tasse Tee oder ein Glas Wasser oder einfach nur Zeit zum Nachklingen lassen können unterstützend sein.

Dadurch, dass du rituell das Neue aktiv begrüßt und die Zeit des Innehaltens bewusst verabschiedest, wird es dir leichterfallen, den Wandel von Dunkelheit und Innenschau hin zu Aktivität und Licht bewusst zu vollziehen.

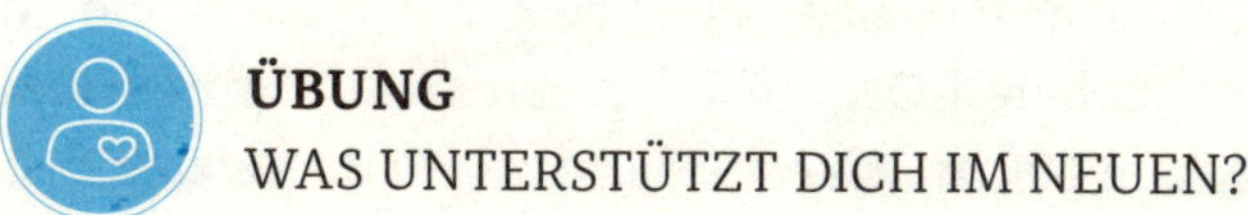

ÜBUNG

WAS UNTERSTÜTZT DICH IM NEUEN?

Auf dem Weg ins Neue ist es unterstützend, sich daran zu erinnern, was uns hilft, dranzubleiben und uns selbst und unserer inneren Führung zu vertrauen. In Kontakt zu bleiben mit dem, was wir als nächsten Schritt auf dem Weg wahrnehmen.

Gestalte in deinem Notizbuch oder auf einem Blatt Papier eine Collage mit Menschen, Dingen und Orten, die dich auf dem Weg ins Neue unterstützen könnten: In die Mitte kannst du *Das unterstützt mich auf dem Weg ins Neue* schreiben oder einfach *Der Weg ins Neue*. Überlege dir dann: Welche Menschen motivieren dich, deinem Weg zu vertrauen und an ihm dranzubleiben? Welche Menschen helfen dir, nicht zu schnell unterwegs zu sein, dich nicht zu sehr am Außen zu orientieren und immer wieder auf deine innere Stimme zu lauschen? Welche Menschen kannst du um konkrete Unterstützung bitten, wenn du ein Tief hast und merkst, dass du nicht weiterkommst? Schreibe um deinen Satz in der Mitte die Namen dieser Menschen und bei was sie dir weiterhelfen können.

Überlege dann: Welche Orte stärken dich in dieser Zeit, in der das Neue sich langsam zeigt? Gibt es Orte, die dich mit dir selbst verbinden? Orte, die dein Vertrauen in den Weg, der vor dir liegt, stärken? Die dich weitergehen lassen ins Neue, noch

Unbekannte? Vielleicht auch Orte, die deinen Mut bestärken? Deinen Glauben an dich? Und dein Vertrauen in den nächsten Schritt? Schreibe auch sie auf.

Wenn du magst, finde anschließend Bilder oder auch Sätze aus Zeitschriften, die dich ansprechen und unterstützen könnten in dieser Zeit. Schneide sie aus und klebe sie auf deine Collage. Wenn du sie fertig gestaltest hast, hänge sie an einem für dich gut sichtbaren Ort auf oder sieh sie dir immer mal wieder in deinem Notizbuch an – dann, wenn du verzagt bist und nicht weiterweißt. Oder du schaust sie dir jeden Morgen an und verbindest das Betrachten mit einem kleinen Ritual: Überlege, welche dieser unterstützenden Kräfte in deiner Collage – Menschen, Dinge, Orte – du heute für dich nutzen magst, welche dir an diesem Tag zur Seite stehen könnten.

> Den Weg ins Neue musst du nicht alleine gehen. Du kannst dir Menschen, Orte und Dinge als Unterstützung an deine Seite holen. Sie können dir immer wieder helfen, dem Weg zu vertrauen und mutig erste und nächste Schritte zu gehen.

DRANBLEIBEN

Der neue Weg ist erst einmal unbekannt, vielleicht macht er auch Angst. Egal, wo oder wie du gerade auf diesem Weg unterwegs bist, erlaube dir, immer wieder Geduld mit dir selbst zu haben. Dich zu erinnern, dass du Schritt für Schritt gehen darfst und sich der Weg so vor dir entfalten wird. Du musst nicht alles sofort wissen oder umsetzen – das kannst du auch gar nicht. Es reicht, den nächsten Schritt zu gehen, von dem du spürst, dass er ansteht.

Gehst du so weiter, wird das Neue immer konkreter werden und du wirst immer sicherer werden in deinen Schritten auf dem Weg in den neuen Alltag. Bleibe bei dir. Gehe Schritt für Schritt. Und das Neue wie auch das Ankommen im neuen Alltag werden von alleine zu dir kommen.

Der neue Weg entsteht meist nicht über Nacht. Er braucht Zeit und erfordert Geduld. So wie das Wachsen einer neuer Pflanze Zeit, Ausdauer, Pflege, ein Dranbleiben und gute Bedingungen braucht. Diese guten Bedingungen kannst du dir selbst für deinen Weg schaffen. Ich habe erfahren, dass gerade Geduld die Qualität ist, die wir in dieser Zeit in uns stärken können: Geduld zu haben mit dem, was wir noch nicht wissen. Nicht gleich loszulegen, milder mit uns selbst zu sein und Vertrauen darein zu entwickeln, dass die Dinge sich in der ihnen gegebenen Zeit zeigen werden. Gerade dann, wenn du ein Mensch bist, der die Antworten gerne schon vorgestern gehabt hätte und die Schritte für die nächsten drei Monate gerne schon heute kennen würde, tut es gut, dich zu erinnern, dass du Geduld haben darfst.

REFLEXION
GEDULD HABEN

Erlaube dir, Geduld mit dir selbst zu haben. Erlaube dir, liebevoll zu sein mit dir. Nicht zu schimpfen, wenn es mal nicht schnell genug geht, und auch nicht, wenn du es wieder schneller haben möchtest. Erinnere dich daran, dass die Dinge nicht schneller kommen, nur weil du aktiv um sie kämpfst.

Erinnere dich, dass die Zeit, in der das Neue sich langsam zeigt, der Zeit des Januars im Jahresrad entspricht: Einer Zeit, in der wir noch nicht aktiv loslegen mit dem Säen und Umsetzen, sondern in der wir die Vorbereitungen treffen: Für das neue Jahr, für das, was wir im Garten säen wollen, für die Projekte, die wir angehen und verwirklichen wollen. Indem wir hier immer klarer werden, wird es uns möglich, dann, wenn die Bedingungen stimmen – es warm genug ist, wir innerlich klar genug sind, der letzte Schnee weggetaut ist – nach außen zu gehen. Wir sind bereit, weil wir uns vorher gut vorbereitet haben. Du darfst vertrauen: Du kommst automatisch im Neuen an, indem du weitergehst. Es wird sich immer konkreter zeigen, wenn du dir und deinem Weg vertraust.

> In der Zeit, in der das Neue sich langsam zeigt, braucht es oftmals unsere Geduld: Geduld mit uns selbst und mit den Dingen, die entstehen. Wir können in dieser Phase bewusst Geduld entwickeln und vertiefen. Diese Qualität wird uns auf unserem weiteren Weg zur Verfügung stehen.

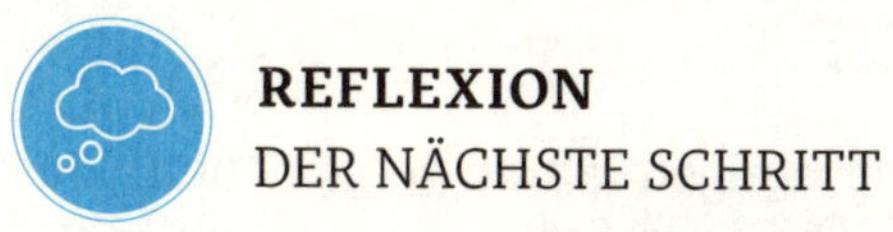

REFLEXION
DER NÄCHSTE SCHRITT

Der nächste Schritt wird sich zeigen.
Offen bin ich für das, was kommen mag.
Inne halte ich,
um gut zu mir zu sein,
für mich zu sorgen.
Achtsam will ich durch den Tag gehen,
meinen Körper und mich selbst liebend,
heilend, verstehend.

Ausgehend von diesem Standpunkt,
von diesem Verwurzeltsein aus,
wird sich alles fügen.
Fügen zu Neuem,
zu dem noch nicht Greifbaren,
das entstehen will.

Ich umarme die Angst
und bleibe verankert
im Hier und Jetzt.

So bei mir Zuhause seiend
bin ich Ankerpunkt,
unerschütterlich,
mag kommen, was will.
Verankert in mir und meinem Körper
kann ich schauen,
beobachten,
kann ich sein.

Dieses Gedicht[9] habe ich vor einigen Jahren geschrieben. Was löst es in dir aus, wenn du es liest? Spürst du, dass es dir Ruhe und ein Verankertsein in dir selbst schenken kann – besonders wenn du merkst, dass du ins Rennen kommst, zu viel von dir forderst oder unsicher wirst auf dem Weg.

Immer, wenn ich das Gedicht lese, kommt etwas in mir zur Ruhe. Ich spüre wieder, dass ich nichts tun, nicht umherrennen oder krampfhaft etwas versuchen muss. Ich erinnere mich daran, dass es reicht, einfach hier zu sein und zu spüren, was jetzt dran ist, einen Schritt nach dem anderen zu setzen – dann, wenn ich merke, dass er jetzt gegangen werden will. Nicht mehr und nicht weniger.

Das Gedicht erinnert daran, dass wir stets den Schritt gehen sollten, der sich zeigt. Denn er ist jetzt dran – egal, ob wir Angst vor ihm haben, verunsichert sind oder voll Vertrauen. Vertraue darauf, dass du alles zur Verfügung hast, um ihn zu gehen. Erst indem du diesen Schritt gehst, wirst du wissen, was danach kommt. Der nächste Schritt führt dich immer an einen neuen Ort und oft wachsen dir im Gehen selbst neue Kräfte zu.

Erinnere dich:

1. Du muss nicht einen Schritt gehen, wenn es keinen zu gehen gibt.
2. Nutze die Formel: nach innen lauschen, spüren, was dran ist, und den Schritt gehen, wenn einer ansteht.
3. Gehe den Schritt, von dem du spürst, dass er jetzt dran ist. Er ist der einzige Schritt, den du gerade gehen musst.

> Nicht immer gibt es etwas zu tun auf dem Weg ins Neue. Der Schritt, der dran ist, wird sich zeigen – er will gegangen werden. Danach kannst du wieder ruhen, lauschen und sein, bis der nächste Schritt sich zeigt. Es ist der Wechsel aus Innehalten, Lauschen und Gehen, der dich in der letzten Phase deiner Schwellenzeit ins Neue bringt.

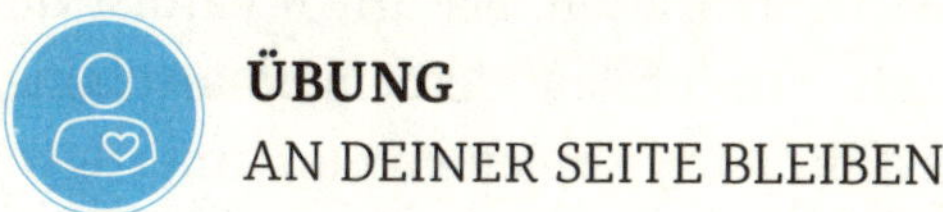

ÜBUNG

AN DEINER SEITE BLEIBEN

Es kann vorkommen, dass in dieser Zeit, in der sich das Neue langsam zeigt und du beginnst, wieder nach außen zu gehen, andere dir sagen, was du tun oder machen sollst – oder was (noch) nicht. Vertraue hier auf dein Gefühl. Nur du weißt, was in deinem Leben wann dran ist. Niemand von außen kann das beurteilen. Bleibe bei dir, vertraue dir und deiner inneren Stimme. Wenn es für dich stimmt, jetzt wieder nach außen zu gehen, folge dem. Egal, was andere vielleicht sagen. Damit du in Momenten, in denen du unsicher wirst, ob die anderen vielleicht nicht doch recht haben, einen Anker hast, schreibe dir eine Erinnerungsnotiz.

Sie könnte lauten: *Liebe/r* [dein Name], *du weißt am besten, was dir guttut. Hiermit erinnere ich dich an Folgendes: Du bist ganz wunderbar durch deine Schwellenzeit gegangen. Du bist an deiner Seite gestanden. Und du weißt, dass jetzt Folgendes für dich ansteht:* [Trage hier die Wahrnehmungen deiner inneren Stimme und inneren Führung ein, notiere, welchen nächsten Schritt du wahrnimmst, was und wer dir jetzt guttut und was jetzt dran ist in deinem Leben]. *Du machst das ganz wunderbar. Danke, dass du diesen Weg gehst, auf eine Weise, die für dich stimmig ist. Dein/e* [dein Name].

Formuliere die Erinnerungsnotiz so, dass sie für dich passt. Schreibe sie in einem Moment, in dem du dich gut mit dir verbunden fühlst und innerlich klar bist. Du kannst sie dir in deiner Wohnung aufhängen, sie dorthin legen, wo du sie häufig siehst, oder sie gefaltet in deinem Portemonnaie mitnehmen. Vielleicht möchtest du sie auch in dein Notizbuch schreiben und sie in unsicheren Momenten lesen. Natürlich kannst du auch ein Foto von ihr machen und es auf deinem Smartphone speichern. Und: Du kannst dir auch Kopien von ihr anfertigen und sie an verschiedenen Orten hinterlegen. Somit unterstützt sie dich noch mehr.

> Eine Erinnerungsnotiz unterstützt dich darin, in der eigenen Spur zu bleiben und dir bewusst zu machen, dass du selbst am besten weißt, wo dein Weg weitergehen will. Fühlst du dich unsicher und überfordert, kann sie dir helfen, deinen Weg fortzusetzen.

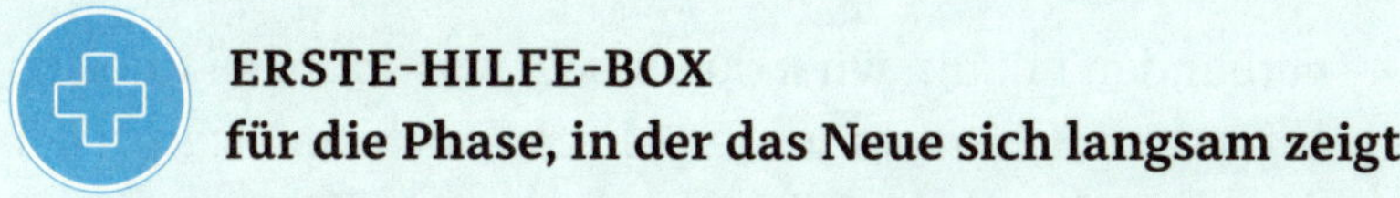

ERSTE-HILFE-BOX
für die Phase, in der das Neue sich langsam zeigt

- Wenn du nicht weiterweißt oder unsicher bist, was der nächste Schritt ist: Gehe nach innen. Lausche auf deine innere Stimme, sie kennt den Weg.
- Die Antworten und Lösungen finden sich oftmals auf unkonventionelle Weise – gerade dann, wenn du feststeckst, ist es sinnvoll, etwas ganz anderes zu tun: in den Garten zu gehen, zum Friseur, ins Café, zum Sport. Etwas, das dich raus aus dem Kopf und rein in den Körper und in den jetzigen Moment bringt.
- Bist du versucht, besonders schnell vorwärts zu preschen, halte immer wieder inne: Prüfe, ob du noch auf dem Weg bist, der wirklich für dich ansteht.
- Wenn du daran zweifelst, ob du deiner inneren Führung trauen kannst, probiere es aus: Was passiert, wenn du ihr folgst? Was passiert, wenn du ihr nicht folgst? Schreibe deine Erfahrungen in deinem Notizbuch auf.
- Spannend wird es, wenn sich Synchronizitäten einstellen: Die Dinge fügen sich zur rechten Zeit ineinander auf eine Weise, die du dir nicht hättest ausdenken können. Schreibe dir auch diese Erfahrungen auf – und reflektiere, in welchen Momenten sie aufgetreten sind.
- Manchmal braucht der Weg ins Neue einen bewussten Übergang. Mit dem Ritual *Den Übergang ins Neue bewusst gestalten* kannst du dich selbst begleiten, wenn du merkst, dass du noch zögerst, dich auf das Neue einzulassen.
- Wenn du ungeduldig wirst, erinnere dich daran, dass es nichts bringt, die Dinge schneller vorantreiben zu wollen. Sie entwickeln sich in ihrem eigenen Rhythmus. Bist du

verbunden mit dir, wirst du wissen, was wann zu tun ist.

- Du musst nicht mehr wissen als den nächsten Schritt, der ansteht. Wenn keiner dran ist, kannst du innehalten und ruhen. Den Schritt, der als nächstes dran ist, wirst du klar in dir spüren.
- Mithilfe der Übung *An deiner Seite bleiben* kannst du dir eine Erinnerungsnotiz schreiben, die dich darin unterstützt, deinem Weg und dir selbst zu vertrauen – egal, was andere sagen.

Reflexionsfragen

- Ist es jetzt an der Zeit, etwas zu tun oder Zeit innezuhalten?
- Steht ein nächster konkreter Schritt an?
- Fühlst du dich bereit für das Neue? Falls nein: Was unterstützt dich dabei, dich auf das Neue einzulassen?
- Bist du verbunden mit deiner inneren Stimme und nimmst die Impulse und Hinweise deiner inneren Führung wahr?
- Vertraust du deiner inneren Führung?
- Bist du bereit, ihr zu folgen?
- Was brauchst du, um in eine Balance aus Tun und Sein zu kommen?
- Erlaubst du dir, an deiner Seite zu bleiben, egal, was die anderen sagen? Was unterstützt dich dabei?

Stärkungssatz

Der nächste Schritt auf meinem Weg zeigt sich in seinem eigenen Tempo. Bin ich verbunden mit meiner inneren Führung, weiß ich stets, was ich zu tun habe. Ich kann mir selbst vertrauen.

Das Wesentliche auf einen Blick

- Deine innere Stimme weist dir den Weg ins Neue. Vertraust und folgst du ihr, wird sich der jeweils nächste Schritt zeigen.
- Du musst nicht wissen, auf welche Weise du das Neue in deinem Leben umsetzen kannst – es ist ausreichend, mit dem verbunden zu bleiben, was du in dir wahrnimmst, also mit dem, was da kommen will.
- Oft wirst du dir nicht erklären können, wie sich die Dinge in deinem Leben gefügt haben. Das musst du auch gar nicht. Du kannst vielmehr erleben und staunen, welche Fügungen und Synchronizitäten sich ergeben, wenn du verbunden bleibst mit dir und deiner inneren Führung.
- Jetzt ist die Zeit, dich langsam wieder nach außen zu wenden: Prüfe, wann ein nächster Schritt ansteht und wann es Zeit ist, wieder für einen Moment innezuhalten. Begib dich in einen Wechsel aus Lauschen, Innehalten und Tun. Komme ganz langsam, nach und nach, in die Umsetzung.
- Deine Schwellenzeit endet mit dieser Phase. Mache dir bewusst, dass du nun in einen neuen Alltag und wieder ins Tun kommst.
- Es erfordert manchmal Geduld, um auf dem Weg dranzubleiben. Die Dinge entwickeln sich in ihrer eigenen Zeit. Unterstützend ist dabei, an deiner Seite zu stehen und dir selbst und dem, was du in dir wahrnimmst, zu vertrauen und zu folgen.

KAPITEL 3

DAS NEUE LEBEN

*Jetzt bist du bereit, das Neue zu leben.
Weiterzugehen auf deinem Weg.*

Nachdem du die letzte Phase deiner Schwellenzeit durchlebt hast, kommst du nun in deinem neuen Alltag an: Das Neue ist immer konkreter geworden und du kannst es nach und nach in deinem Leben verwirklichen. Du wirst wieder Teil des alltäglichen Lebens, dein Tun und Denken sind hauptsächlich nach außen gerichtet. Gleichzeitig bist du nicht mehr die- oder derselbe wie zuvor. Die Schwellenzeit hat dich tiefgreifend gewandelt. Du hast in ihr erkannt, was wirklich wichtig für dich ist und was du in deinem Leben leben willst. Du kennst deine Werte, Prioritäten und Bedürfnisse genauer. Du hast erlebt, was dich trägt, wenn nichts mehr trägt, und eine Ahnung davon bekommen, was dich im Innersten zusammenhält und weitergehen lässt. Du vertraust deiner inneren Führung und weißt, was der nächste Schritt ist. Jetzt bist du hier, dein neuer Alltag breitet sich vor dir aus, deine vormals weiße Landkarte hat sich gefüllt, ein Bild deines künftigen Lebens ist in dir entstanden. Werde dir nochmal bewusst, was du während der Schwellenzeit erlebt hast. Denn jetzt geht es darum, deine Erfahrungen, dein Wissen, deine Klarheit und deine innere Führung in dein alltägliches Tun und Sein mitzunehmen und das, was du gelernt und erfahren hast, im Außen anzuwenden.

Das kann bedeuten,

- dass manche Menschen, Dinge, Orte, Gewohnheiten und Umstände nicht länger Teil deines Lebens sind
- dass sich die Art, wie du deinen Alltag gestaltest und dein Leben lebst, verändert
- dass sich wandelt, wem oder was du Priorität in deinem Leben gibst

Du findest zurück in einen Alltag, in dem, von außen betrachtet, vieles aussehen mag wie vor deiner Schwellenzeit. Dennoch wird vieles anders sein für dich, weil du dich verändert hast. Nimm dir Zeit, um anzukommen in diesem Neuen. Hetze dich nicht. Erwarte nicht von dir, gleich wieder zu funktionieren – es geht nicht darum, zu funktionieren, sondern dein Erfahrenes in den Alltag zu bringen. Der Alltag kommt oft schneller als gewollt und manchmal können wir das Gefühl haben, dass uns die Tiefe und Intensität des Lebens, die wir während der Schwellenzeit erlebt haben, fehlen oder abhandenkommen. Alles war in dieser Zeit so dicht, so echt und nah. Gleichzeitig bringt es auch Erleichterung, in den Alltag zurückzukehren, nach dieser oftmals kräftezehrenden Zeit. Es ist wertvoll, dir die Erfahrungen und Erkenntnisse der Schwellenzeit nochmals bewusstzumachen, sie herauszuarbeiten und damit später erinnern zu können. Das schlägt die Brücke zwischen deiner Schwellenzeit und deinem neuen Alltag: Du bist dir bewusst, was du in ihr für dich gelernt hast und was du aus ihr mitnehmen möchtest. Dadurch fällt es dir leichter, den Fokus zu halten oder nachzujustieren, wenn du bemerkst, dass du von deinem neuen Weg abweichst. Du gehst weiter in deinem Alltag und erinnerst zugleich den Wert, die Echtheit und die Intensität dieser Zeit.

DIE ESSENZ DEINER SCHWELLENZEIT ENTDECKEN

Mit den folgenden drei Übungen begleite ich dich dabei, die Erkenntnisse deiner Schwellenzeit für dich herauszuschälen und zu bewahren. Du wirst auf diese Weise klar erkennen, was sich in dir und in deinem Leben durch sie verändert hat. Das ermöglicht es dir, dich leichter wieder auf den Alltag einzulassen. Du kannst geordneter, zentrierter, vielleicht auch dankbarer und mit neuer Klarheit in deinem neuen Alltag weitergehen. Auch kannst du sehen, welche Geschenke du aus der Schwellenzeit mitbringst: Denn es gibt vermutlich etwas, dass du ohne sie nicht erfahren hättest.

Mithilfe der folgenden Übungen kommst du zu der Essenz deiner Schwellenzeit. Möchtest du alle Übungen direkt hintereinander machen, plane einen ganzen Tag dafür ein mit ausreichend Pausen dazwischen. So hast du genügend Zeit, alles in Ruhe in dir zu bewegen und zu verarbeiten. Alternativ kannst du die Übungen auch an mehreren aufeinanderfolgenden Tagen machen.

Du kannst sie drinnen wie auch draußen, an einem geschützten Platz in der Natur, an dem du dich wohlfühlst, machen. Achte darauf, dass du während der Übungen für dich bist, und plane anschließend noch etwas Zeit für dich ein.

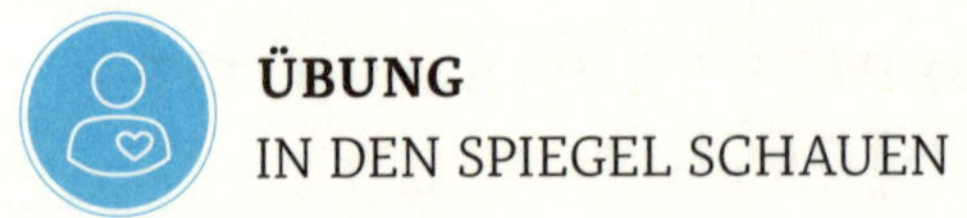

ÜBUNG
IN DEN SPIEGEL SCHAUEN

In dieser Übung nimmst du dir Zeit, bewusst in den Spiegel zu schauen, und bekommst ein Gefühl dafür, wer und wie du heute bist, dafür, was sich gewandelt hat durch die Schwellenzeit – an dir und in dir.

Du brauchst
Einen Spiegel, Fotos von dir aus der Zeit vor der Schwellenzeit, dein Notizbuch, circa 30 bis 60 Minuten Zeit

Ablauf
Schaue dir zunächst Fotos von dir aus der Zeit vor der Schwellenzeit an: Welche Frau oder welcher Mann warst du damals? Wie sahst du aus? Welche Haarfarbe hattest du, welche Frisur? Wie sah dein Gesicht aus, dein Gesichtsausdruck? Welche äußerlichen Merkmale kannst du wahrnehmen? Probiere, dich in dich hineinzuversetzen und wahrzunehmen, wie du damals gedacht oder auf die Welt geschaut hast.

Dann setze oder stelle dich vor einen Spiegel. Schaue hinein: Was hat sich im Vergleich zu dem Menschen, der du vor deiner Schwellenzeit warst, gewandelt? Wie nimmst du dich jetzt wahr? Was siehst du? Welche Frau oder welchen Mann siehst du? Was nimmst du wahr? Kannst du bestimmte Charakteristika erkennen? Fällt dir etwas besonders ins Auge? Hat sich etwas verändert an deinen Haaren, deiner Haarfarbe, an deinem Blick, dem Gesicht, den Falten, dem Lächeln, deinem Gesichtsausdruck? Gibt es Ringe unter den Augen, Grübchen oder Falten rund um den Mund und die Augen? Was verändert sich, wenn du lachst, wenn du traurig schaust oder nachdenklich? Probiere es aus. Welche inneren und äußeren Facetten von dir kannst du im Spiegel wahrnehmen?

Schau mit einem liebevollen, wertschätzenden Blick und nimm wahr, welcher Mensch du durch die Schwellenzeit geworden bist und wie sich das in deinem Spiegelbild zeigt. Was kannst du an dir wahrnehmen – im Äußeren, an deinem Aussehen, wie auch in deinem Inneren, an deiner Art zu denken, zu fühlen und zu sein, auf die Welt zu blicken. Spüre diesen zwei Menschen nach – dir selbst vor und nach der Schwellenzeit.

Schaue zum Abschluss nochmals auf die Schätze und Qualitäten, die du aus der Schwellenzeit mitgenommen hast: Welche positiven Aspekte kannst du an dir wahrnehmen, die vorher nicht da waren – mehr Reife zum Beispiel, ein authentischeres Lächeln, ein wacherer Blick. Schreibe sie, wenn du magst, als Erinnerungsstütze auf.

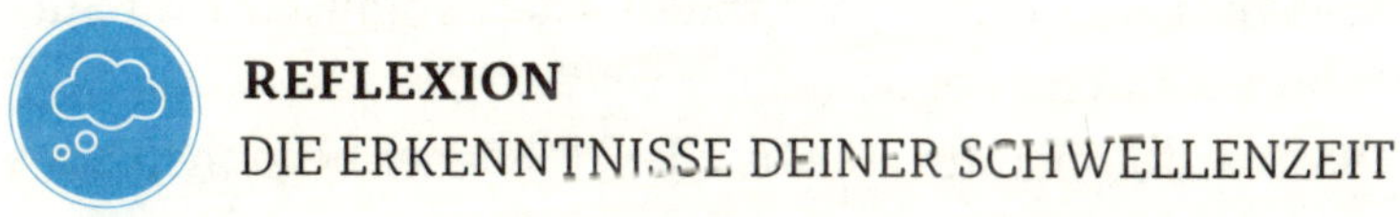

REFLEXION
DIE ERKENNTNISSE DEINER SCHWELLENZEIT

Du brauchst
Dein Notizbuch, circa 60 bis 120 Minuten Zeit (oder auch mehr)

Nutze die folgenden Fragen, um deine Schwellenzeit zu reflektieren und dir zu verdeutlichen, was du alles in ihr bewegt hast. Was sich durch deine Schwellenzeit in deinem Leben verändert hat und auf welch gewandelte Weise du weitergehst in deinem Alltag. Du musst nicht alle Fragen beantworten, doch du kannst dich an ihnen orientieren. Nimm dir ausreichend Zeit für die Reflexion deiner Schwellenzeit – vielleicht sind es ein oder zwei Stunden, vielleicht ein ganzer Vormittag,

Nachmittag oder Tag. Es geht nicht darum, nochmals in aller Tiefe in das Gewesene einzutauchen, sondern darum, dir seiner Essenz für dich und dein Leben bewusst zu werden.

Hier die Fragen

- Welcher Mensch bist du durch deine Schwellenzeit geworden?
- Was ist weggefallen oder abgefallen von dir, was dir vorher sehr wichtig war?
- Was ist neu hinzugekommen in deinem Leben?
- Welche Menschen sind nicht mehr Teil deines Lebens?
- Welche Menschen sind neu in dein Leben gekommen?
- Von welchen Dingen oder Orten hast du dich verabschiedet oder verabschieden müssen?
- Gibt es Dinge oder Orte, die neu hinzugekommen sind beziehungsweise die du neu kennengelernt hast?
- Was hast du beendet, verändert oder womit hast du aufgehört während der Schwellenzeit?
- Was hast du neu für dich entdeckt, wieder begonnen oder erstmals angefangen?
- Was hast du über dich selbst gelernt? Womit hast du dich überrascht?
- Welche Fähigkeiten hast du durch die Schwellenzeit neu erworben?
- Welche für dich wichtigen Werte sind dir durch die Schwellenzeit wieder oder erstmals bewusst geworden?
- Auf welche Weise haben sich deine Prioritäten verändert? Was ist dir jetzt wichtiger als vor der Schwellenzeit? Was ist dir nicht mehr wichtig?
- Wofür nimmst du dir jetzt mehr Zeit?
- Wie hat sich deine Haltung zum Leben verändert?

- Auf welche Weise die Haltung zu dir selbst?
- Was ist das Wertvollste, das du während der Schwellenzeit für dich gelernt hast?
- Welche Erkenntnis möchtest du nicht mehr missen?
- Was hast du gewonnen durch diese Zeit?
- Welche Erkenntnisse, welches innere Wissen oder welche innere Klarheit möchtest du weitertragen in deinen Alltag?
- Was sind deine drei Kernsätze aus der Schwellenzeit für dich?

Notiere deine Antworten in deinem Notizbuch. Nimm dir anschließend Zeit für eine ausgiebige Pause und lege das Geschriebene erst einmal zur Seite. Du kannst es später noch ergänzen und weitere Fragen beantworten.

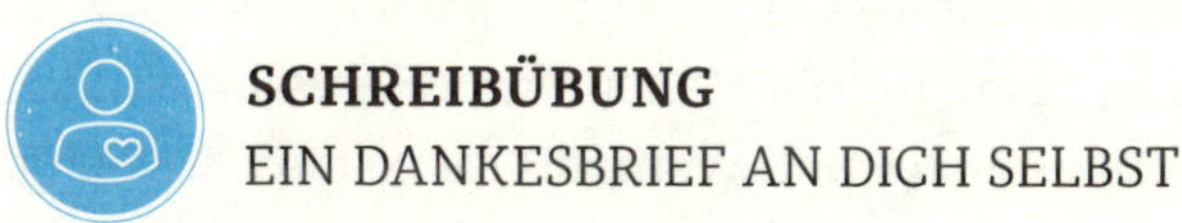

SCHREIBÜBUNG
EIN DANKESBRIEF AN DICH SELBST

Du brauchst
Stift und Papier, circa 60 Minuten Zeit

Schreibe dir selbst einen Brief. Danke dir in diesem Brief für das, was du in der Schwellenzeit für dich geleistet hast. Mache dir nochmals bewusst, welche Erkenntnisse du mitnimmst (nutze hierfür deine Antworten aus der vorherigen Reflexion *Die Erkenntnisse deiner Schwellenzeit*). Schreibe den Brief in einer wertschätzenden inneren Haltung. Blicke dabei liebevoll auf dich und deinen Weg.

Du kannst dich beim Schreiben an folgenden Fragen orientieren:

- Wofür bist du dir dankbar?
- In welchen Momenten warst du besonders zuverlässig an deiner Seite?
- Welche Erkenntnis aus der Schwellenzeit möchtest du weitertragen?
- Wen hast du um Unterstützung gebeten?
- Was hat dich unterstützt auf deinem Weg?
- Wie hast du dich selbst unterstützt?
- Mit welchem Geschenk aus der Schwellenzeit gehst du weiter?
- Was ist durch sie für dich möglich geworden?

Beginne deinen Brief mit *Liebe/r …* [dein Name], *ich danke dir, dass du …* Folge anschließend dem Fluss des Schreibens oder den obigen Fragen. Du musst nicht vorher wissen, wie der Satz endet und was in deinem Brief stehen wird. Schreibe einfach und schau, wohin es dich trägt. Wenn du merkst, es ist genug, lege den Stift zur Seite. Recke und strecke dich, trinke etwas und mache einen kleinen Spaziergang. Lies anschließend den Brief noch einmal durch. Lass ihn auf dich wirken. Schau, auf welche Weise er dich weiter begleiten mag – vielleicht willst du regelmäßig in ihm lesen, ihn an eine bestimmte Stelle in deinem Zuhause legen oder ihn bei dir tragen. Mache das, was dich stärkt.

DIE ESSENZ DEINER SCHWELLENZEIT ALS QUELLE DER KRAFT

Wann immer du nicht mehr weißt, wofür deine Schwellenzeit eigentlich gut war, was du in ihr gelernt hast, was sich durch sie verändert hat, welche neuen Kräfte und Fähigkeiten du in ihr entwickelt hast und was eigentlich deine Prioritäten im Leben sind, nimm deine Notizen, vor allem die zu den vorherigen Übungen dieses Kapitels, zur Hand. Dein Brief an dich selbst wie auch deine Reflexion zu deiner Schwellenzeit werden auf den Punkt bringen, was du aus ihr für dich mitnimmst.

Du kannst Kraft für dein Weitergehen aus ihnen ziehen. Ebenso kannst du Mut und Vertrauen für die Begegnung mit künftigen Schwellenzeiten aus ihnen gewinnen. Sie zeigen dir, welchen Weg du gegangen bist und was du auf diesem Weg erfahren hast. Mit diesem Wissen wirst du künftig einordnen können, dass du dich in einer Schwellenzeit befindest, wenn erneut eine auftaucht. Damit hältst du zugleich einen Fahrplan in der Hand, denn du weißt jetzt auch, wie Schwellenzeiten typischerweise ablaufen. Du bist vertraut geworden mit ihnen, weil du dich selbst durch deine eigene Schwellenzeit begleitet hast. Du kannst dieses Buch und deine Notizen jederzeit hervorholen und mit ihnen durch künftige Schwellenzeiten gehen – egal, um welche Art von Schwellenzeit es sich handelt. Ob es um einen Tod, eine Trennung, eine Kündigung, den Beginn der Wechseljahre oder um eine andere Schwelle geht. Du weißt, dass du in der Schwellenzeit nicht sterben wirst (außer es handelt sich um den eigenen Tod) und du weißt auch, was dich in jeder der vier Phasen unterstützt, um gut durch sie hindurchzukommen.

DIE GESCHENKE EINER SCHWELLENZEIT

Indem du deiner aktuellen Schwellenzeit bewusst begegnet bist und verstanden hast, dass es einen typischen Ablauf in ihr gibt, der dich nicht umbringt und auch nicht kleinkriegen will, sondern der dich unterstützt, immer mehr du selbst zu werden und deine Prioritäten wie dein Leben zu ordnen, kannst du künftigen Schwellenzeiten vertrauensvoller begegnen.

MUT, VERTRAUEN UND GELASSENHEIT ENTWICKELN

Du entwickelst *Mut,* dich auf künftige Schwellenzeiten einzulassen, weil du weißt, dass du sie mitgestalten kannst. Du bleibst handlungsfähig und erkennst, wie du dich selbst in ihnen unterstützen kannst. Du wagst es vielleicht sogar, aktiv auf sie zuzugehen und ihre tiefgreifende Wandlungskraft für dich zu nutzen.

Du entwickelst *Vertrauen,* weil du weißt, dass der tiefste Punkt während einer Schwellenzeit zwar ein Ende, jedoch zugleich einen Neubeginn bedeutet. Das Wissen um die vier Phasen einer Schwellenzeit schenkt dir Vertrauen und Orientierung, und ermöglicht es dir, dich auf die Reise einzulassen. Ebenso hast du mit dem Wort *Schwellenzeit* einen Namen für diese besondere Zeit erhalten. Du kannst deine Gefühle und das Erlebte einordnen, sortieren und verstehen.

Du entwickelst *Gelassenheit,* weil dir bewusst ist, dass du mit Schwellenzeiten umgehen und ihnen begegnen kannst. Du bist kompetenter und sicherer im Umgang mit ihnen geworden. Du weißt, dass sie natürlicher Teil jedes Lebens sind. Du vertraust in die Wege des Lebens und in deine innere Führung. Du hast gelernt, deiner inneren Stimme wieder zu lauschen und ihr vertrauensvoll zu folgen. Dir ist bewusst, dass du alle notwendigen Impulse und Antworten, die du für deinen weiteren Weg brauchst, von ihr erhältst. Du staunst über die Fügungen des Lebens und fließt mit dem Leben mit. Du weißt, dass die Schwellenzeit selbst dich gut durch sie hindurchführen wird, und vertraust zudem in deine eigenen Kräfte und Fähigkeiten, die mit jedem bewussten Gang durch eine Schwellenzeit stärker und greifbarer werden. Du weißt, dass du dich auf dich selbst verlassen kannst. Du hast Mut, Vertrauen und Gelassenheit im Umgang mit künftigen Schwellenzeiten entwickelt.

DU WEISST, WAS WIRKLICH FÜR DICH ZÄHLT

Jede Schwellenzeit bringt dich dir selbst näher: Du erlangst Klarheit über deine Prioritäten und darüber, was dir wirklich wichtig ist im Leben. Du besinnst dich auf das Wesentliche und weißt wieder, was wirklich zählt für dich. Damit gewinnst du Klarheit über deinen eigenen Weg und erkennst, ob dein Leben, so wie du es aktuell lebst, zu dir passt oder ob du etwas verändern möchtest oder musst.

Schwellenzeiten sind Zeiten, in denen du lernst, Wichtiges von Unwichtigem zu unterscheiden. Das Leben zeigt sich in seiner Essenz – mit dem, was wirklich für dich zählt – und hilft dir, genauer zu erkennen, was wesentlich für dich ist. Du wirst authentischer und richtest dein Leben wieder mehr so aus, dass es für dich stimmig ist. Somit beginnt in Schwellenzeiten oftmals der eigene Herzensweg, da sie zu Initialpunkten für ein authentisches und erfüllendes Leben werden.

DAS LEBEN WIRD WIEDER RUND

In dem Moment, in dem du beginnst, Schwellenzeiten wieder als Teil des Lebens zu akzeptieren, musst du sie nicht mehr ablehnen oder weghaben wollen. Die herausfordernden, schwierigen und tiefgreifenden Zeiten dürfen genauso Teil deines Lebens sein wie die leichten, schönen und freudigen. Das Leben kehrt zu seiner Ganzheit zurück, es wird rund. Du erkennst den Wert, den diese Vielschichtigkeit für dich mit sich bringt: Du erfährst das Leben in all seinen Facetten, nimmst die Höhen und Tiefen mit, kennst Ängste, Sorgen und Zweifel ebenso wie Möglichkeiten, Freuden und Leichtigkeit. Am Ende des Lebens kannst du sagen: *Ich habe wirklich gelebt. Ich habe aus der Schale des Lebens getrunken.* Und das ist vielleicht das Schönste, Wertvollste, was die Schwellenzeit dir schenkt: Sie lässt dich erfahren, wie es sich anfühlt, lebendig zu sein. Wieder ganz und vollständig zu sein, zutiefst mit dem Leben und mit dir selbst verbunden.

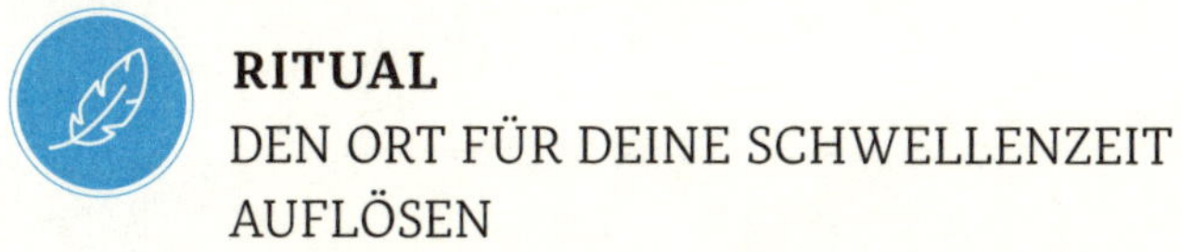

RITUAL
DEN ORT FÜR DEINE SCHWELLENZEIT AUFLÖSEN

Löse nun, nachdem du durch deine Schwellenzeit gegangen bist, den Ort für deine Schwellenzeit auf, den du dir zu Beginn gestaltet hast.

Ablauf

1. Nimm die Gegenstände, die du dort als Symbole für deine Schwellenzeit hingelegt hast, nochmals bewusst in die Hand. Erkenne, auf welche Weise sie dich in den vergangenen Tagen, Wochen, Monaten oder Jahren begleitet haben.

2. Danke ihnen dafür, dass sie da waren für dich.

3. Finde dann einen neuen Platz für sie, in deinem Zuhause, wenn du sie behalten möchtest, oder übergib sie später den Elementen der Natur, dem Wasser, der Erde, dem Feuer oder der Luft. Löse den Ort für deine Schwellenzeit so nach und nach auf, als bewusstes Zeichen dafür, dass deine Schwellenzeit geendet hat und du weitergehst in deinen Alltag.

4. Schließe das Ritual ab, indem du dir nochmal ganz bewusst machst, dass deine aktuelle Schwellenzeit vorbei ist und deine Reise weitergeht. In den Alltag hinein und in dein neues Leben.

MÖGE DEIN WEG EIN SANFTER SEIN

Möge dein Weg ein sanfter sein.
Mögest du stärkenden Rückenwind erfahren,
eine dich tragende Erde, wenn dein Leben erschüttert wird.
Vertrauen, Mut und die Gewissheit am richtigen Platz zu sein
und alles zu haben, was du brauchst,
um gut weitergehen zu können.

LITERATUR

1 Rainer Maria Rilke: Briefe an einen jungen Dichter, Anaconda Verlag, 2009, S. 24-25

2 Ursula Seghezzi: Kompass des Lebens – Eine Reise durch die menschliche Natur, van Eck Verlag, 2012, 2. Auflage

3 Liedersammlung von StimmVolk.ch: www.stimmvolk.ch/unsere-lieder

4 Yawe ho: www.stimmvolk.ch/yawe-ho---dance-of-the-north
www.youtube.com/watch?v=O01XGFDc1t4
YouTube: Musik Duenda – Yawe ho

5 Be still and know: www.stimmvolk.ch/be-still-and-know

6 Yana: www.stimmvolk.ch/yana---herzchant
www.youtube.com/watch?v=xrUJT94uFZA
YouTube: Musik Duenda – Yana

7 Musik Duenda: www.youtube.com/@musikduenda969
YouTube: Musik Duenda

8 Lied: Feuer der Verwandlung von Simone Gantner
Anhören auf: www.natur-ritual.ch/publikationen

9 Sabrina Gundert: Orchester der Liebe – Wie wir Vertrauen ins Leben entwickeln, Freya Verlag, 2020, S. 52

Alle Links abgerufen am 31.03.2024

ANHANG

ÜBERSICHT ALLER PRAKTISCHEN ÜBUNGEN

Kapitel 3 – Das Neue leben

ÜBERSICHT ALLER GRAFIKEN

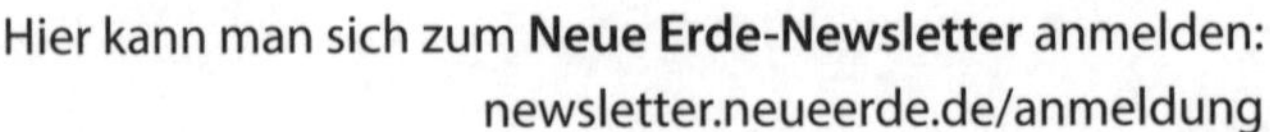

Hier kann man sich zum **Neue Erde-Newsletter** anmelden:
newsletter.neueerde.de/anmeldung

NEUE ERDE im Buchhandel

Neue Erde ist ein kleiner unabhängiger Verlag, und der unabhängige Buchhandel ist unser natürlicher Partner. Wir unterstützen die Initiative »buy local«.

Sollte es Lieferschwierigkeiten bei den Büchern von NEUE ERDE geben, lassen Sie immer im VLB (Verzeichnis lieferbarer Bücher) nachsehen, im Internet unter **www.buchhandel.de**

Alle lieferbaren Titel des Verlags sind für den Buchhandel verfügbar.

Sie finden unsere Bücher auch auf unserer Homepage **www.neue-erde.de.**
Kontakt:

NEUE ERDE GmbH
Cecilienstr. 29 · 66111 Saarbrücken
info@neue-erde.de